5년 최다  수석  합격자 배출

브랜드만족
**1위**
박문각

2024

# 박문각
# 행정사

## 임동민
## 행정사실무법

**핵심요약집 | 2차**

바문가 행정사연구소 편_임동민    동영상강의 www.pmg.co.kr

박문각

# 행정사 시험 정보

## 1. 시험 일정: 매년 1회 실시

| 원서 접수 | 시험 일정 | 합격자 발표 |
|---|---|---|
| 2024년 8월경 | 2024년 10월경 | 2024년 12월경 |

## 2. 시험 과목 및 시간

▶ 2차 시험

| 교시 | 입실 | 시험 시간 | 시험 과목 | 문항 수 | 시험 방법 |
|---|---|---|---|---|---|
| 1교시 | 09:00 | 09:30~11:10 (100분) | **[공통]**<br>① 민법(계약)<br>② 행정절차론(행정절차법 포함) | 과목당 4문항 (논술 1, 약술 3) ※ 논술 40점, 약술 20점 | 논술형 및 약술형 혼합 |
| 2교시 | 11:30 | •일반/기술 행정사 11:40~13:20 (100분)<br><br>•외국어번역 행정사 11:40~12:30 (50분) | **[공통]**<br>③ 사무관리론<br>　(민원처리에 관한 법률 및 행정효율과 협업 촉진에 관한 규정 포함)<br>**[일반행정사]**<br>④ 행정사실무법(행정심판사례, 비송사건절차법)<br>**[기술행정사]**<br>④ 해사실무법(선박안전법, 해운법, 해사안전법, 해양사고의 조사 및 심판에 관한 법률)<br>**[외국어번역행정사]**<br>해당 외국어(외국어능력시험으로 대체 가능한 영어, 중국어, 일본어, 프랑스어, 독일어, 스페인어, 러시아어 등 7개 언어에 한함) | | |

**외국어능력검정시험 성적표 제출**

2차 시험 원서 접수 마감일 전 2년 이내에 실시된 것으로 기준 점수 이상이어야 함

● 영어

| 시험명 | TOEIC | TEPS | TOEFL | G-TELP | FLEX | IELTS |
|---|---|---|---|---|---|---|
| 기준 점수 | 쓰기시험 150점 이상 | 쓰기시험 71점 이상 | 쓰기시험 25점 이상 | GWT 작문시험에서 3등급 이상(1, 2, 3등급) | 쓰기시험 200점 이상 | 쓰기시험 6.5점 이상 |

● 일본어, 중국어, 스페인어, 프랑스어, 독일어, 러시아어

| 시험명 | FLEX (공통) | 신HSK (중국어) | DELE (스페인어) | DELF/DALF (프랑스어) | 괴테어학 (독일어) | TORFL (러시아어) |
|---|---|---|---|---|---|---|
| 기준 점수 | 쓰기 시험 200점이상 | 6급 또는 5급 쓰기 60점 이상 | C1 또는 B2 작문 15점 이상 | C2 독해/작문 25점 이상 및 C1 또는 B2 작문 12.5점 이상 | C2 또는 B2 쓰기 60점 이상 및 C1 쓰기 15점 이상 | 1~4단계 쓰기 66% 이상 |

## 시험의 면제

**1. 면제 대상:** 공무원으로 재직한 사람과 외국어 번역 업무에 종사한 경력이 있는 사람 등은 행정사 자격시험의 전부 또는 일부가 면제된다(제2차 시험 일부 과목 면제).

### 2. 2차 시험 면제 과목

| 일반/기술행정사 | 행정절차론, 사무관리론 |
|---|---|
| 외국어번역행정사 | 민법(계약), 해당 외국어 |

## 합격자 결정 방법

**1. 합격기준:** 1차 시험 및 2차 시험 합격자는 과목당 100점을 만점으로 하여 모든 과목의 점수가 40점 이상이고, 전 과목의 평균 점수가 60점 이상인 사람으로 한다(단, 2차 시험에서 외국어시험을 외국어능력검정시험으로 대체하는 경우에는 해당 외국어시험은 제외).

**2. 최소합격인원:** 2차 시험 합격자가 최소선발인원보다 적은 경우에는 최소선발인원이 될 때까지 모든 과목의 점수가 40점 이상인 사람 중에서 전 과목 평균점수가 높은 순으로 합격자를 추가로 결정한다. 이 경우 동점자가 있어 최소선발인원을 초과하는 경우에는 그 동점자 모두를 합격자로 한다.

# 출제경향 분석

제11회 행정사 자격시험의 행정사실무법 문제는 행정심판제도에서 논술형 문제, 행정사법과 비송사건절차법 총칙에서 약술형 문제가 출제되었다.

1번 논술형 문제는 행정심판법상 집행정지 및 재결의 기속력과 관련된 문제였고, 2번 약술형 문제는 행정사법상 행정사의 자격취소와 업무정지에 관한 문제였으며, 3번과 4번 약술형 문제는 비송사건절차법상 관할과 항고에 관한 문제였다.

**문제1**은 행정심판법에서 출제되었으며, 집행정지의 인용 여부 및 재처분의무 위반에 따른 조치에 관한 문제로 손쉽게 답안을 작성할 수 있는 문제였다.

행정심판법 강의를 하면서 가장 중요한 사항으로 행정심판의 대상, 청구인적격, 청구기간 그리고 집행정지, 재결의 기속력을 강조하였는바, 문제1은 중요하다고 강조한 부분에서 출제되었다.

**문제2**는 행정사법에서 출제되었으며, 행정사의 자격취소와 업무정지에 관한 문제로 행정사법 강의에서 행정사법인에서는 출제하지 않을 것이고, 자격취소와 업무정지가 출제될 수 있다며 여러 차례 강조한 문제였다.

**문제3**은 비송사건절차법 총칙에서 출제되었으며, 관할에 관한 문제로 토지관할은 출제가 가능하다고 강조하였으나, 사건의 이송은 제10회 시험에서 기출되었던 문제라서 출제를 예상하지 못한 문제였다.

**문제4**는 비송사건의 항고에 관한 문제로 항고가 제기된 경우에 원심법원의 처리절차가 출제되리라고 예상하였으나, 기출되었던 항고의 종류와 효과가 다시 출제되었다.

1번 논술형 문제 및 2번과 3번 약술형 문제는 모의고사 과정에서 답안작성을 해보아서 무난하게 답안작성을 하였을 것이고, 4번 약술형 문제는 모의고사 문제로는 출제하지 않았다고는 하나, 답안작성은 무난하였을 것이라 생각된다.

행정사실무법 출제영역은 광범위하나, 대부분의 문제가 행정사법, 행정심판법, 비송사건절차법 총칙 부분에서 출제되고 있다.

제12회 시험을 대비해서는 행정사법, 행정심판법, 비송사건절차법 총칙 부분을 중점적으로 공부해야 하며, 특별행정심판, 비송사건절차법 각칙 부분도 출제가 가능하므로 중요한 내용은 숙지해야 할 것이다.

또한, 기출되었던 문제가 다시 출제되고 있어 기출문제에 대한 공부도 철저히 해야 할 것이다.

| 구분 | 행정사법 | 행정심판제도 | 비송사건절차법 |
|---|---|---|---|
| 제1회 | | • 행정심판위원회 위원 등의 제척, 기피, 회피 (20점)<br>• 청구의 인용 여부(사정재결)(40점) | • 비송사건의 심리방법(20점)<br>• 재판상의 대위에 관한 사건(20점) |
| 제2회 | 업무정지사유와 업무정지 처분효과의 승계(20점) | 청구의 인용 여부(신뢰보호)(40점) | • 비송사건절차의 종료 사유(20점)<br>• 과태료 재판에 대한 불복방법(20점) |
| 제3회 | 장부 검사와 자격취소(20점) | 청구요건의 적법 여부 및 거부처분의 적법 여부(40점) | • 토지관할과 우선관할 및 이송(15점)<br>• 관할법원의 지정(5점)<br>• 항고의 의의 및 종류(20점) |
| 제4회 | 과태료 부과대상자의 유형 및 내용(20점) | 임시처분(40점) | • 비송사건의 대리(20점)<br>• 재판의 방식과 고지(20점) |
| 제5회 | 업무신고와 그 수리거부 (20점) | • 청구요건의 충족 여부(30점)<br>• 처분사유의 추가가능 여부(10점) | • 재판의 취소·변경(20점)<br>• 과태료재판의 적법 여부(20점) |
| 제6회 | 행정사의 금지행위와 벌칙 (20점) | • 의무이행심판의 대상적격과 청구인적격(20점)<br>• 재결의 기속력(20점) | • 재판의 효력(20점)<br>• 절차의 비용(20점) |
| 제7회 | 행정사의 의무와 책임(20점) | • 관할 행정심판위원회 및 참가인(20점)<br>• 시정명령과 직접처분 및 간접강제(20점) | • 비송사건절차의 특징(20점)<br>• 증거조사(20점) |
| 제8회 | 업무신고의 기준과 행정사업 무신고확인증(20점) | • 행정심판의 청구기간(20점)<br>• 비례원칙(20점) | • 비송사건의 대리(20점)<br>• 항고기간과 항고제기의 효과(20점) |
| 제9회 | 행정사법인의 설립과 설립인가의 취소(20점) | • 행정심판의 피청구인과 심사청구 및 재심사 청구의 법적성질(20점)<br>• 처분사유의 추가(20점) | • 비송사건절차의 개시 유형(20점)<br>• 비송사건과 민사소송사건의 구별 기준 및 차이점(20점) |
| 제10회 | 행정사법인의 업무신고 및 업무수행방법(20점) | • 행정심판의 대상과 집행정지(20점)<br>• 재결의 기속력(20점) | • 비송사건절차법상 기일(20점)<br>• 비송사건의 재량이송(20점) |
| 제11회 | 행정사의 자격취소와 업무 정지(20점) | • 집행정지의 인용 여부(20점)<br>• 재처분의무 위반에 따른 조치(20점) | • 토지관할과 이송(20점)<br>• 항고의 종류와 효과(20점) |

# 차 례

## Part 03   비송사건절차법

PART

01

행정사법

# 행정사법

## ① 행정사의 종류별 업무

### 1. 행정사

행정사는 행정업무의 원활한 운영과 국민의 권리구제를 목적으로 행정과 관련한 국민의 편익을 도모하는 자를 말한다.

### 2. 행정사의 업무(서작번제대상사)

① 행정기관에 제출하는 서류의 작성
② 권리·의무나 사실증명에 관한 서류의 작성
③ 행정기관의 업무에 관련된 서류의 번역
④ 작성하거나 번역한 서류의 제출 대행
⑤ 인가·허가 및 면허 등을 받기 위하여 행정기관에 하는 신청·청구 및 신고 등의 대리
⑥ 행정 관계법령 및 행정에 대한 상담 또는 자문에 대한 응답
⑦ 법령에 따라 위탁받은 사무의 사실조사 및 확인

### 3. 행정사의 종류별 업무

(1) 일반행정사

행정사의 업무 중 행정기관의 업무에 관련된 서류의 번역과 해운 및 해양안전심판에 관한 업무를 제외한 업무를 하는 행정사이다.

(2) 해사행정사

행정사의 업무 중 행정기관의 업무에 관련된 서류의 번역을 제외한 해운 및 해양안전심판에 관한 업무를 하는 행정사이다.

(3) 외국어번역행정사

행정사의 업무 중 행정기관의 업무에 관련된 서류의 번역과 번역한 서류의 제출 대행의 업무를 하는 행정사이다.

## 02 행정사자격심의위원회의 심의사항과 위원의 제척, 기피, 회피

### 1. 서설

행정사 자격의 취득과 관련된 사항을 심의하기 위하여 행정안전부에 행정사자격심의위원회
(심의위원회)를 둘 수 있다.

### 2. 심의사항(과선일중)

① 행정사 자격시험 과목 등 시험에 관한 사항
② 행정사 자격시험 선발 인원의 결정에 관한 사항
③ 행정사 자격시험의 일부면제 대상자의 요건에 관한 사항
④ 그 밖에 행정사 자격의 취득과 관련한 중요 사항

### 3. 위원의 제척 · 기피 · 회피

#### (1) 제척사유(당친증대소)

① 위원 또는 그 배우자나 배우자였던 사람이 해당 안건의 당사자가 되거나 그 안건의 당사
자와 공동권리자 또는 공동의무자인 경우
② 위원이 해당 안건의 당사자와 친족이거나 친족이었던 경우
③ 위원이 해당 안건에 대하여 증언, 진술, 자문, 조사, 연구, 용역 또는 감정을 한 경우
④ 위원이나 위원이 속한 법인 · 단체 등이 해당 안건의 당사자의 대리인이거나 대리인이었
던 경우
⑤ 위원이 해당 안건의 당사자와 같은 행정사법인 또는 행정사사무소에 소속된 경우

#### (2) 기피

① 해당 안건의 당사자는 위원에게 제척사유가 있거나 공정한 심의 · 의결을 기대하기 어려
운 사정이 있는 경우에는 심의위원회에 기피 신청을 할 수 있고, 심의위원회는 의결로 기
피 여부를 결정한다.
② 이 경우 기피 신청의 대상인 위원은 그 의결에 참여할 수 없다.

#### (3) 회피

위원 본인이 제척사유에 해당하는 경우에는 스스로 해당 안건의 심의 · 의결에서 회피해야
한다.

## 03 행정사자격심의위원회의 구성과 위원의 해임·해촉

### 1. 서설

행정사 자격의 취득과 관련된 사항을 심의하기 위하여 행정안전부에 행정사자격심의위원회(심의위원회)를 둘 수 있다.

### 2. 심의위원회의 구성

① 심의위원회는 위원장 1명과 부위원장 1명을 포함한 11명 이내의 위원으로 구성한다.
② 위원장은 행정안전부의 행정사 제도업무를 담당하는 실장급 공무원이 되고, 부위원장은 행정안전부의 행정사 제도업무를 담당하는 국장급 공무원이 된다.
③ 심의위원회에 간사 1명을 두며, 간사는 행정안전부 소속 공무원 중에서 위원장이 임명한다.

### 3. 위원의 해임·해촉

(1) 내용

행정안전부장관은 위원이 해임 또는 해촉사유에 해당하는 경우에는 해당 위원을 해임 또는 해촉할 수 있다.

(2) 해임·해촉사유(심비적회의)

① 장기간의 심신장애로 직무를 수행할 수 없게 된 경우
② 직무와 관련된 비위사실이 있는 경우
③ 직무 태만, 품위 손상, 그 밖의 사유로 인하여 위원의 직을 유지하는 것이 적합하지 아니하다고 인정되는 경우
④ 위원의 제척사유에 해당하는 데에도 불구하고 회피하지 않은 경우
⑤ 위원 스스로 직무를 수행하는 것이 곤란하다고 의사를 밝히는 경우

## ⑭ 업무신고와 그 수리 거부 <sub>제5회 · 제8회 기출</sub>

### 1. 서설

행정사 자격이 있는 사람이 행정사로서 업무를 하려면 주된 사무소의 소재지를 관할하는 특별자치시장 · 특별자치도지사 · 시장 · 군수 또는 자치구의 구청장(시장등)에게 행정사 업무신고 기준을 갖추어 신고(행정사업무신고)하여야 한다.

### 2. 업무신고의 수리 거부

(1) 수리 거부의 사유(결실자가)

　① 행정사의 결격사유에 해당하는 경우
　② 실무교육을 이수하지 아니한 경우
　③ 행정사 자격이 없는 경우
　④ 대한행정사회에 가입하지 아니한 경우

(2) 이의신청

행정사업무신고의 수리가 거부된 사람은 그 통지를 받은 날부터 3개월 이내에 행정사업무신고의 수리 거부에 대한 불복의 이유를 밝혀 시장등에게 이의신청을 할 수 있다.

### 3. 수리 의제

시장등이 업무신고를 받은 날부터 3개월이 지날 때까지 행정사업무신고확인증(신고확인증)을 발급하지 아니하거나 행정사업무신고의 수리 거부 통지를 하지 아니하면 3개월이 되는 날의 다음 날에 행정사업무신고가 수리된 것으로 본다.

### 4. 신고확인증

　① 시장등은 행정사업무신고를 받은 때에는 그 내용을 확인한 후 신고확인증을 행정사에게 발급하여야 한다.
　② 행정사는 다른 사람에게 신고확인증을 대여하여서는 아니 된다.
　③ 누구든지 신고확인증의 대여를 알선하여서는 아니 된다.

## ⑤ 행정사의 사무소

### 1. 행정사

행정사는 행정업무의 원활한 운영과 국민의 권리구제를 목적으로 행정과 관련한 국민의 편익을 도모하는 자를 말한다.

### 2. 사무소의 설치

① 행정사는 행정사 업무를 하기 위한 사무소를 하나만 설치할 수 있다.

② 행정사는 그 업무를 효율적으로 수행하고 공신력을 높이기 위하여 2명 이상의 행정사로 구성된 합동사무소를 설지할 수 있으며, 행정사합동사무소를 구성하는 행정사의 수를 넘지 아니하는 범위에서 주사무소와 분사무소를 설치할 수 있다. 이 경우 주사무소와 분사무소에는 행정사합동사무소를 구성하는 행정사가 각각 1명 이상 상근하여야 한다.

### 3. 사무소의 이전 등

① 행정사가 사무소를 이전한 때에는 10일 이내에 이전 후의 사무소 소재지를 관할하는 특별자치시장·특별자치도지사·시장·군수 또는 자치구의 구청장(시장등)에게 신고하여야 한다.

② 이전신고를 받은 시장등은 이전신고한 행정사에게 신고확인증을 발급하여야 하며, 종전의 사무소 소재지를 관할하는 시장등에게 사무소의 이전 사실을 통지하여야 한다.

③ 이전신고 전에 발생한 사유로 인한 행정사에 대한 행정처분은 이전신고를 받은 시장등이 행한다.

### 4. 사무소의 명칭 등

① 행정사는 그 사무소의 종류별로 사무소의 명칭 중에 행정사사무소 또는 행정사합동사무소라는 글자를 사용하고, 행정사합동사무소의 분사무소에는 그 분사무소임을 표시하여야 한다.

② 행정사가 아닌 사람은 행정사사무소 또는 이와 비슷한 명칭을 사용하지 못하며, 행정사합동사무소나 그 분사무소가 아니면 행정사합동사무소나 그 분사무소 또는 이와 비슷한 명칭을 사용하지 못한다.

## 06 행정사의 폐업신고와 휴업신고

### 1. 행정사

행정사는 행정업무의 원활한 운영과 국민의 권리구제를 목적으로 행정과 관련한 국민의 편익을 도모하는 자를 말한다.

### 2. 폐업신고

① 행정사가 폐업한 경우에는 본인이, 사망한 경우에는 가족이나 동거인 또는 그 사무직원이 지체 없이 그 사실을 특별자치시장·특별자치도지사·시장·군수 또는 자치구의 구청장(시장등)에게 신고하여야 한다.

② 폐업한 행정사가 업무를 다시 시작할 때에도 지체 없이 그 사실을 시장등에게 신고하여야 한다.

### 3. 휴업신고

① 행정사가 3개월이 넘도록 휴업하거나 휴업한 행정사가 업무를 다시 시작하려면 시장등에게 신고하여야 한다.

② 시장등은 업무재개신고를 받은 날부터 15일 이내에 신고수리 여부를 신고인에게 통지하여야 한다.

③ 시장등은 15일 이내에 신고수리 여부 또는 민원 처리 관련 법령에 따른 처리기간의 연장을 신고인에게 통지하지 아니하면 그 기간이 끝난 날의 다음 날에 신고를 수리한 것으로 본다.

④ 휴업한 행정사가 2년이 지나도 업무를 다시 시작하지 아니하는 경우에는 폐업한 것으로 본다.

## ⑦ 행정사의 의무 제7회 기출

### 1. 행정사

행정사는 행정업무의 원활한 운영과 국민의 권리구제를 목적으로 행정과 관련한 국민의 편익을 도모하는 자를 말한다.

### 2. 행정사의 의무(지신손외수누처실연)

① 행정사는 사무직원을 둘 수 있으며, 소속 사무직원을 지도·감독할 책임이 있다.

② 행정사는 품위를 유지하고 신의와 성실로써 공정하게 직무를 수행하여야 한다.

③ 행정사가 위임받은 업무를 수행하면서 고의 또는 과실로 위임인에게 재산상의 손해를 입힌 경우에는 그 손해를 배상할 책임이 있다.

④ 행정사와 그 사무직원은 업무에 관하여 보수 외에 어떠한 명목으로도 위임인으로부터 금전 또는 재산상의 이익이나 그 밖의 반대급부를 받지 못한다.

⑤ 공무원직에 있다가 퇴직한 행정사는 퇴직 전 1년부터 퇴직할 때까지 근무한 행정기관에 대한 인가·허가 및 면허 등을 받기 위하여 하는 신청·청구 및 신고 등의 대리업무를 퇴직한 날부터 1년 동안 수임할 수 없다.

⑥ 행정사 또는 행정사이었던 사람은 정당한 사유 없이 직무상 알게 된 사실을 다른 사람에게 누설하여서는 아니 된다.

⑦ 행정사는 업무를 위임받으면 업무처리부를 작성하여 1년간 보관하여야 한다.

⑧ 행정사 자격이 있는 사람이 행정사 업무를 시작하려면 업무신고를 하기 전에 실무교육을 받아야 한다.

⑨ 행정사는 연수교육을 받아야 한다.

## ⑧ 행정사의 금지행위 <sup>제6회 기출</sup>

### 1. 행정사

행정사는 행정업무의 원활한 운영과 국민의 권리구제를 목적으로 행정과 관련한 국민의 편익을 도모하는 자를 말한다.

### 2. 행정사의 금지행위(거같개선광유)

① 정당한 사유 없이 업무에 관한 위임을 거부하는 행위

② 당사자 중 어느 한 쪽의 위임을 받아 취급하는 업무에 관하여 이해관계를 달리하는 상대방으로부터 같은 업무를 위임받는 행위. 다만, 당사자 양쪽이 동의한 경우는 제외한다.

③ 행정사의 업무 범위를 벗어나서 타인의 소송이나 그 밖의 권리관계분쟁 또는 민원사무처리과정에 개입하는 행위

④ 업무수임 또는 수행 과정에서 관련 공무원과의 연고 등 사적인 관계를 드러내며 영향력을 미칠 수 있는 것으로 선전하는 행위

⑤ 행정사의 업무에 관하여 거짓된 내용을 표시하거나 객관적 사실을 과장 또는 누락하여 소비자를 오도하거나 오해를 불러일으킬 우려가 있는 내용의 광고행위

⑥ 행정사 업무의 알선을 업으로 하는 자를 이용하거나 그 밖의 부당한 방법으로 행정사 업무의 위임을 유치하는 행위

## ⑨ 행정사의 교육

### 1. 행정사

행정사는 행정업무의 원활한 운영과 국민의 권리구제를 목적으로 행정과 관련한 국민의 편익을 도모하는 자를 말한다.

### 2. 실무교육

① 행정사 자격이 있는 사람이 행정사 업무를 시작하려면 업무신고를 하기 전에 실무교육을 받아야 한다.
② 기본소양교육은 20시간 실시하며, 실무수습교육은 40시간 동안 행성사사무소 또는 행정안전부장관이 지정하는 장소에서 실시한다.
③ 행정안전부장관은 실무교육계획을 수립하여 교육 실시 30일 전까지 일간신문, 인터넷 홈페이지 등에 공고하여야 한다.
④ 실무교육은 집합교육 또는 온라인 교육으로 실시한다.
⑤ 행정안전부장관은 실무교육에 관한 권한을 특별시장·광역시장·특별자치시장·도지사·특별자치도지사(시·도지사)에게 위임한다.

### 3. 연수교육

① 행정사의 사무소의 소재지를 관할하는 시·도지사는 행정사의 자질과 업무수행능력 향상을 위하여 대한행정사회, 행정학과 또는 법학과가 개설된 대학에 위탁하여 행정사에 대한 연수교육을 실시하여야 한다.
② 행정사는 전문성과 윤리의식을 높이기 위하여 ㉠ 사무소 또는 합동사무소를 설치한 행정사의 경우 행정사업무신고확인증을 발급 받은 날, ㉡ 법인구성원의 경우 법인업무신고 확인증을 발급 받은 날, ㉢ 소속행정사의 경우 행정사법인이 해당 소속행정사의 고용을 신고한 날부터 2년마다 16시간의 연수교육을 받아야 한다.
③ 시·도지사는 연수교육계획을 수립하여 교육 실시 30일 전까지 인터넷 홈페이지 등에 공고해야 한다.
④ 연수교육은 집합교육 또는 온라인 교육으로 실시한다.

## ⑩ 행정사법인의 설립과 설립인가의 취소 <sup>제9회 기출</sup>

### 1. 서설

행정사는 행정사의 업무를 조직적이고 전문적으로 수행하기 위하여 3명 이상의 행정사를 구성원으로 하는 행정사법인을 설립할 수 있다.

### 2. 행정사법인의 설립

(1) 설립 절차

① 행정사법인을 설립하려면 행정사법인의 구성원이 될 행정사가 정관을 작성하여 행정안전부장관의 인가를 받아야 한다.

② 행정사법인은 등기하여야 한다.

③ 행정사법인은 그 주사무소의 소재지에서 설립등기를 함으로써 성립한다.

(2) 설립인가 신청

① 행정사법인의 설립인가를 받으려는 행정사법인의 구성원이 될 행정사는 행정사법인의 설립인가신청서를 행정안전부장관에게 제출하여야 한다.

② 행정안전부장관은 행정사법인의 설립을 인가하는 경우 행정사법인 인가대장에 그 내용을 적고, 신청인에게 설립인가증을 발급해야 한다.

(3) 설립등기

① 행정사법인의 설립등기는 설립인가증을 받은 날부터 14일 이내에 하여야 한다.

② 행정사법인의 등기는 법인구성원 전원이 공동으로 신청하여야 한다.

### 3. 설립인가의 취소

(1) 내용

① 행정안전부장관은 행정사법인이 설립인가의 취소사유에 해당하는 경우에는 설립인가를 취소할 수 있다.

② 행정안전부장관은 행정사법인의 설립인가를 취소하려는 경우에는 청문을 하여야 한다.

(2) 사유(부보정위)

① 거짓이나 그 밖의 부정한 방법으로 설립인가를 받은 경우

② 법인구성원에 관한 요건을 갖추지 못하게 된 경우에 이를 6개월 이내에 보충하지 아니한 경우

③ 업무정지처분을 받고 그 업무정지 기간 중에 업무를 수행한 경우

④ 법령을 위반하여 업무를 수행한 경우

## ⑪ 행정사법인의 업무신고 <sub>2022년 제10회 기출</sub>

### 1. 서설

행정사법인이 행정사의 업무를 하려면 주사무소의 소재지를 관할하는 특별자치시장·특별자치도지사·시장·군수 또는 자치구의 구청장(시장등)에게 신고(법인업무신고)하여야 한다.

### 2. 법인업무신고 기준(결실자가등)

① 법인구성원 및 소속행정사가 결격사유에 해당하지 않을 것
② 법인구성원 및 소속행정사가 실무교육을 이수했을 것
③ 법인구성원 및 소속행정사가 행정사 자격증을 보유하고 있을 것
④ 법인구성원 및 소속행정사가 대한행정사회에 가입했을 것
⑤ 행정안전부장관의 인가를 받고 설립등기를 했을 것

### 3. 수리 거부

① 시장등은 법인업무신고를 하려는 자가 법인업무신고 기준을 갖추지 아니한 경우에는 그 법인업무신고의 수리를 거부할 수 있다.
② 시장등이 법인업무신고를 받은 날부터 3개월이 지날 때까지 법인업무신고확인증을 발급하지 아니하거나 법인업무신고의 수리 거부 통지를 하지 아니하면 3개월이 되는 날의 다음 날에 법인업무신고가 수리된 것으로 본다.

### 4. 이의신청

① 법인업무신고의 수리가 거부된 자는 그 통지를 받은 날부터 3개월 이내에 법인업무신고의 수리 거부에 대한 불복의 이유를 밝혀 시장등에게 이의신청을 할 수 있다.
② 시장등은 이의신청이 이유 있다고 인정하면 법인업무신고확인증을 발급하여야 한다.

### 5. 법인업무신고확인증

시장등은 법인업무신고를 받은 때에는 그 내용을 확인한 후 법인업무신고확인증을 행정사법인에 발급하여야 한다.

## ⑫ 행정사법인의 소속행정사와 준수사항 및 경업의 금지

### 1. 서설

행정사는 행정사의 업무를 조직적이고 전문적으로 수행하기 위하여 3명 이상의 행정사를 구성원으로 하는 행정사법인을 설립할 수 있다.

### 2. 소속행정사

① 행정사법인은 행정사를 고용할 수 있다.

② 행정사법인은 행정사를 고용한 경우에는 주사무소 소재지의 특별자치시장·특별자치도지사·시장·군수 또는 자치구의 구청장에게 신고하여야 한다.

### 3. 준수사항(업따실보)

① 소속행정사 및 법인구성원은 업무정지 중이거나 휴업 중인 사람이 아니어야 한다.

② 소속행정사 및 법인구성원은 그 행정사법인의 사무소 외에 따로 사무소를 둘 수 없다.

③ 법인업무신고를 한 행정사법인은 실무교육을 받지 아니한 사람을 소속행정사로 고용하거나 법인구성원으로 할 수 없다.

④ 행정사법인이 법인구성원에 관한 요건을 갖추지 못하게 된 경우에는 6개월 이내에 이를 보충하여야 한다.

### 4. 경업의 금지

① 법인구성원 또는 소속행정사는 자기 또는 제3자를 위하여 그 행정사법인의 업무범위에 속하는 업무를 수행하거나 다른 행정사법인의 법인구성원 또는 소속행정사가 되어서는 아니 된다.

② 행정사법인의 법인구성원 또는 소속행정사이었던 사람은 그 행정사법인에 소속한 기간 중에 그 행정사법인의 담당행정사로서 수행하고 있었거나 수행을 승낙한 업무에 관하여는 퇴직 후 행정사의 업무를 수행할 수 없다. 다만, 그 행정사법인의 동의가 있는 경우에는 그러하지 아니하다.

## ⑬ 행정사법인의 업무수행 방법과 손해배상책임의 보장

### 1. 서설

행정사는 행정사의 업무를 조직적이고 전문적으로 수행하기 위하여 3명 이상의 행정사를 구성원으로 하는 행정사법인을 설립할 수 있다.

### 2. 업무수행 방법(담공모지명)

① 행정사법인은 법인의 명의로 업무를 수행하여야 하며, 수임한 업무마다 그 업무를 담당할 법인구성원 또는 소속행정사를 지정하여야 한다.
② 소속행정사를 담당행정사로 지정할 경우에는 법인구성원과 공동으로 지정하여야 한다.
③ 행정사법인이 수임한 업무에 대하여 담당행정사를 지정하지 아니한 경우에는 법인구성원 모두를 담당행정사로 지정한 것으로 본다.
④ 담당행정사는 지정된 업무에 관하여 그 법인을 대표한다.
⑤ 행정사법인이 그 업무에 관하여 작성하는 서면에는 행정사법인의 명의를 표시하고 담당행정사가 기명날인하여야 한다.

### 3. 손해배상책임의 보장

① 행정사법인은 그 직무를 수행하면서 고의나 과실로 의뢰인에게 손해를 입힌 경우 그 손해에 대한 배상책임을 보장하기 위하여 손해배상준비금 적립이나 보험가입 등 필요한 조치를 하여야 한다.
② 행정사법인은 법인업무신고 후 15일 이내에 보험 가입이나 주사무소 소재지를 관할하는 공탁기관에 현금 또는 국공채의 공탁에 해당하는 손해배상책임 보장조치를 해야 한다.
③ 행정사법인이 손해배상책임 보장조치를 하는 경우 그 금액은 행정사법인의 법인구성원과 소속행정사의 수에 1천만 원을 곱하여 산출한 금액 이상 또는 행정사법인당 1억 원 이상으로 한다.

## ⑭ 업무정지사유와 업무정지처분효과의 승계 제2회 기출

### 1. 행정사

행정사는 행정업무의 원활한 운영과 국민의 권리구제를 목적으로 행정과 관련한 국민의 편익을 도모하는 자를 말한다.

### 2. 업무정지

(1) 내용

행정사 사무소의 소재지를 관할하는 특별자치시장·특별자치도지사·시장·군수 또는 자치구의 구청장은 행정사가 업무의 정지사유에 해당하는 경우에는 6개월의 범위에서 기간을 정하여 업무의 정지를 명할 수 있다.

(2) 사유(두상휴외따명)

① 행정사가 두 개 이상의 사무실을 설치한 경우
② 행정사합동사무소를 구성하는 행정사 또는 법인구성원이 상근하지 아니한 경우
③ 행정사 또는 행정사법인이 3개월이 넘도록 휴업하고자 하는 때에 휴업신고를 하지 아니한 경우
④ 행정사 또는 행정사법인이 위임인으로부터 보수 외에 금전 또는 재산상 이익이나 그 밖의 반대급부를 받은 경우
⑤ 행정사법인의 소속행정사 및 법인구성원이 따로 사무소를 둔 경우
⑥ 행정사 또는 행정사법인이 보고 또는 업무처리부 자료 제출 등의 명령에 따르지 아니하거나 검사 또는 질문을 거부·방해 또는 기피한 경우

### 3. 업무정지처분효과의 승계

① 폐업신고를 한 후 업무를 다시 시작하는 신고를 한 행정사(행정사법인을 포함한다)는 폐업신고 전 행정사의 지위를 승계한다.
② 폐업신고 전의 행정사에 대하여 업무정지 사유로 한 행정처분의 효과는 그 처분일부터 1년간 업무를 다시 시작하는 신고를 한 행정사에게 승계된다.
③ 폐업신고를 한 후 업무를 다시 시작하는 신고를 한 행정사에 대하여 폐업신고 전 행정사의 업무정지 사유로 행정처분을 할 수 있다. 다만, 폐업신고를 한 날부터 업무를 다시 시작하는 신고를 한 날까지의 기간이 1년을 넘은 경우는 그러하지 아니하다.
④ 행정처분을 하는 경우에는 폐업한 기간과 폐업의 사유 등을 고려하여 업무정지의 기간을 정하여야 한다.

## ⑮ 장부 검사와 자격취소 <sup>제3회 기출</sup>

### 1. 행정사

행정사는 행정업무의 원활한 운영과 국민의 권리구제를 목적으로 행정과 관련한 국민의 편익을 도모하는 자를 말한다.

### 2. 장부 검사

행정안전부장관 또는 행정사의 사무소(행정사합동사무소 또는 행정사법인의 경우에는 주사무소를 말한다)의 소재지를 관할하는 특별자치시장·특별자치도지사·시장·군수 또는 자치구의 구청장은 행정사 또는 행정사법인에 대한 감독을 위하여 필요하다고 인정하면 해당 행정사 또는 행정사법인에 대하여 업무에 관한 사항을 보고하게 하거나 업무처리부 등 자료의 제출 또는 그 밖에 필요한 명령을 할 수 있으며, 소속 공무원으로 하여금 그 사무소에 출입하여 장부·서류 등을 검사하거나 질문하게 할 수 있다.

### 3. 자격취소

(1) 내용

① 행정안전부장관은 행정사가 자격의 취소사유에 해당하는 경우에는 그 자격을 취소하여야 한다.

② 행정안전부장관은 행정사 자격을 취소하려는 경우에는 청문을 하여야 한다.

(2) 사유(부대정징)

① 거짓이나 그 밖의 부정한 방법으로 행정사 자격을 취득한 경우

② 행정사업무신고확인증을 대여한 경우

③ 업무정지처분을 받고 그 업무정지 기간에 행정사 업무를 한 경우

④ 행정사법을 위반하여 징역형이 확정된 경우

MEMO

PART

# 02

# 행정심판제도

# Chapter 01 행정심판 일반

## 01 행정심판의 존재이유

### 1. 행정심판

행정심판이란 행정청의 위법 또는 부당한 처분이나 부작위로 인하여 자신의 권리나 이익을 침해당한 자가 행정기관에 대하여 그 시정을 구하는 절차를 말한다.

### 2. 행정심판의 존재이유(자전능경부)

**(1) 자율적 행정통제**

행정심판은 행정법 관계에 대한 분쟁에 있어서 행정청 스스로 심판기관이 됨으로써 행정의 자기통제 기능의 기회를 부여한다.

**(2) 행정전문지식 활용**

행정상 분쟁을 해결함에 있어서는 법원보다는 전문적 지식을 가지고 있는 행정청이 판단하는 것이 보다 용이할 수 있다. 이러한 점에서 행정심판은 사법기능을 보완하는 역할을 한다.

**(3) 행정의 능률보장**

사법절차에 의한 심판은 사인의 권리구제의 측면에서는 충실할 수 있으나 상당한 시일이 소요됨으로 인해 행정의 능률성을 저해할 수 있다. 따라서 신속·간편한 행정심판에 의해 행정상 분쟁을 해결함으로써 행정능률에 이바지할 수 있다.

**(4) 쟁송경제의 확보**

행정심판은 행정소송보다 시간·비용 면에서 효율적일 수 있다.

**(5) 법원의 부담경감**

행정심판에 의해 분쟁을 해결함으로써 행정소송사건을 줄이고, 또한 행정심판에 의해 분쟁이 종결되지 않았더라도 중요한 쟁점들을 행정심판단계에서 정리함으로써 법원의 부담이 완화될 수 있다.

## (02) 행정심판전치

### 1. 서설

행정심판전치란 사인이 행정소송의 제기에 앞서서 행정청에 대해 먼저 행정심판의 제기를 통해 처분의 시정을 구하고, 그 시정에 불복이 있을 때 소송을 제기하는 것을 말한다. 행정심판전치는 임의적이 원칙이다.

### 2. 임의적 행정심판전치

행정소송은 법령의 규정에 의하여 당해 처분에 대한 행정심판을 제기할 수 있는 경우에도 행정심판을 거치지 아니하고 제기할 수 있다.

### 3. 필요적 행정심판전치

(1) 내용

다른 법률에 당해 처분에 대한 행정심판의 재결을 거치지 아니하면 행정소송을 제기할 수 없다는 규정이 있는 때에는 반드시 행정심판의 재결을 거쳐야만 제소할 수 있다.

(2) 필요적 행정심판전치의 적용을 받는 처분

공무원에 대한 징계처분을 비롯한 불이익처분, 사유재산권에 대한 특별한 희생을 요구하는 국세부과처분, 생활관계에 밀접한 자동차운전면허처분 등이 있다.

### 4. 필요적 행정심판전치의 완화

(1) 심판제기는 하되 재결을 요하지 않는 경우(지중규정)

① 행정심판청구가 있은 날로부터 60일이 지나도 재결이 없는 때
② 처분의 집행 또는 절차의 속행으로 생길 중대한 손해를 예방하여야 할 긴급한 필요가 있는 때
③ 법령의 규정에 의한 행정심판기관이 의결 또는 재결을 하지 못할 사유가 있는 때
④ 그 밖의 정당한 사유가 있는 때

(2) 심판제기조차 요하지 않는 경우(기이변잘)

① 동종사건에 관하여 이미 행정심판의 기각결정이 있은 때
② 서로 내용상 관련되는 처분 또는 같은 목적을 위하여 단계적으로 진행되는 처분 중 어느 하나가 이미 행정심판의 재결을 거친 때
③ 행정청이 사실심의 변론종결 후 소송의 대상인 처분을 변경하여 당해 변경된 처분에 관하여 소를 제기하는 때
④ 처분을 행한 행정청이 행정심판을 거칠 필요가 없다고 잘못 알린 때

## ⑬ 비례의 원칙 <sup>제8회 기출</sup>

### 1. 의의

행정주체가 행정작용을 함에 있어서 구체적인 행정목적을 실현하기 위한 수단과 당해 실현목적 사이에 합리적인 비례관계가 있어야 한다는 것으로, 과잉금지의 원칙이라고 한다.

### 2. 내용(적필상3)

(1) 적합성의 원칙

행정기관이 취한 수단은 행정목적을 달성하는 데 있어 적합한 것이어야 한다는 원칙이다.

(2) 필요성의 원칙

행정목적을 달성하기 적합한 선택 가능한 다수의 수단 중에서 개인이나 공중에 가장 적은 침해를 가져오는 수단을 선택해야 한다는 원칙이다.

(3) 상당성의 원칙

행정작용이 행정목적을 달성하는 적합하고 최소한의 침해를 주는 수단이라고 해도 추구하는 행정목적과 침해되는 이익 사이에 상당한 균형이 유지되어야 한다는 원칙이다.

(4) 3원칙의 관계

적합성·필요성·상당성의 원칙은 단계구조를 이루고 있다. 즉, 적합한 수단이, 적합한 수단 중에서도 필요한 수단이, 필요한 수단 중에서도 상당성 있는 수단만이 선택되어야 한다.

### 3. 위반의 효과

비례의 원칙 위반은 행정기본법 위반으로 위법이 된다.

## 04 행정의 자기구속의 원칙

### 1. 의의

행정청이 동종의 사안에 있어서 제3자에게 행한 결정과 동일한 결정을 하도록 스스로 구속당하는 원칙이다.

### 2. 적용 요건(재동선)

#### (1) 재량행위의 영역일 것

기속행위의 경우 이미 행정은 법규정에 구속되기 때문에 자기구속의 원칙은 행정의 재량영역에서만 의미를 갖는다.

#### (2) 동종의 사안일 것

① 선례의 사안과 상대방에 대한 사안이 법적 의미에서 동종으로 취급받을 수 있어야 한다.
② 자기구속의 원칙은 동일한 행정청에 대해서만 적용되며 이 경우 상급행정청과 하급행정청은 동일한 행정청으로 본다.

#### (3) 선례가 존재할 것

자기구속의 원칙이 적용되기 위해서는 동종 사안에 대해 행정관행이 형성되어 있어야 한다.

### 3. 위반의 효과

행정의 자기구속의 원칙을 위반한 행정처분은 위법한 것으로 항고소송의 대상이 된다. 또한 불법행위에 대하여 국가배상책임을 물을 수 있다.

## 05 신뢰보호의 원칙 <sup>제2회 기출</sup>

### 1. 의의

신뢰보호의 원칙이란 행정기관의 일정한 언동의 정당성 또는 존속성에 대한 개인의 보호가치 있는 신뢰는 보호해 주어야 한다는 원칙을 말한다.

### 2. 요건(선신조인권)

① 행정기관의 선행조치(공적인 견해표명)가 있어야 한다.
② 보호가치 있는 개인의 신뢰가 있어야 한다.
③ 신뢰에 기초한 개인의 조치(처리)가 있어야 한다.
④ 행정기관의 선행조치와 개인의 조치 사이에 인과관계가 존재해야 한다.
⑤ 행정기관이 선행조치에 반하는 후행행위를 하여 이를 신뢰한 개인의 권익이 침해되어야 한다.

### 3. 위반의 효과

신뢰보호의 원칙을 위반하면 위법한 행위가 되며, 그 효과는 원칙적으로 취소사유라고 본다.

# 행정심판법

## ① 행정심판의 대상 <sub></sub> 제3회 · 제5회 · 제6회 · 제10회 기출

### 1. 개괄주의

행정심판법은 "행정청의 처분 또는 부작위에 대하여는 다른 법률에 특별한 규정이 있는 경우 외에는 이 법에 따라 행정심판을 청구할 수 있다."고 규정하여 개괄주의를 채택하고 있다.

### 2. 행정청

행정에 관한 의사를 결정하여 표시하는 국가 또는 지방자치단체의 기관, 그 밖에 법령 또는 자치법규에 따라 행정권한을 가지고 있거나 위탁을 받은 공공단체나 그 기관 또는 사인을 말한다.

### 3. 처분

① 처분이란 행정청이 행하는 구체적 사실에 관한 법집행으로서의 공권력의 행사 또는 거부와 그 밖에 이에 준하는 행정작용을 말한다.
② 처분이란 행정청의 공법상의 행위로서 특정사항에 대하여 법규에 의한 권리의 설정 또는 의무의 부담을 명하거나 기타 법률상의 효과를 발생하게 하는 등 국민의 권리·의무에 직접 관계되는 행위를 말한다.
③ 거부처분이라고 하기 위해서는 신청한 행위가 공권력의 행사 또는 이에 준하는 행정작용일 것, 거부행위가 신청인의 법률관계에 영향을 미칠 것, 신청에 대한 법규상 또는 조리상 신청권이 있을 것의 요건을 갖추어야 한다.

### 4. 부작위

부작위란 행정청이 당사자의 신청에 대하여 상당한 기간 내에 일정한 처분을 하여야 할 법률상의 의무가 있음에도 불구하고 이를 하지 아니하는 것을 말한다.

### 5. 행정심판의 대상이 아닌 경우

① 대통령의 처분 또는 부작위에 대하여는 다른 법률에 특별한 규정이 있는 경우를 제외하고는 행정심판을 제기할 수 없다.
② 행정심판청구의 재결에 대하여는 다시 행정심판을 제기할 수 없다.

## 02 행정심판의 종류

### 1. 서설

① 행정심판이란 행정청의 위법 또는 부당한 처분이나 부작위로 인하여 자신의 권리나 이익을 침해당한 자가 행정기관에 대하여 그 시정을 구하는 절차를 말한다.
② 행정심판의 종류에는 취소심판, 무효등확인심판, 의무이행심판이 있다.

### 2. 취소심판

(1) 의의

취소심판은 행정청의 위법 또는 부당한 처분을 취소하거나 변경하는 행정심판을 말한다.

(2) 특징

① 청구기간의 제한을 받는다.
② 집행정지에 관한 규정이 적용된다.
③ 사정재결에 관한 규정이 적용된다.

### 3. 무효등확인심판

(1) 의의

무효등확인심판은 행정청의 처분의 효력 유무 또는 존재 여부를 확인하는 행정심판을 말한다.

(2) 특징

① 청구기간의 제한을 받지 않는다.
② 집행정지에 관한 규정이 적용된다.
③ 사정재결에 관한 규정이 적용되지 않는다.

### 4. 의무이행심판

(1) 의의

의무이행심판은 당사자의 신청에 대한 행정청의 위법 또는 부당한 거부처분이나 부작위에 대하여 일정한 처분을 하도록 하는 행정심판을 말한다.

⑵ 특징

① 거부처분에 대한 의무이행심판은 청구기간의 제한을 받으나, 부작위에 대한 의무이행심판은 청구기간의 제한을 받지 않는다.

② 집행정지에 관한 규정이 적용되지 않는다.

③ 사정재결에 관한 규정이 적용된다.

## 03 행정심판의 청구인적격 제3회·제5회·제6회 기출

### 1. 청구인

행정심판의 청구인이란 심판청구의 대상이 되는 처분 또는 부작위에 불복하여 그의 취소·변경 등을 구하기 위하여 심판청구를 제기하는 자를 말한다.

### 2. 청구인능력

청구인은 자연인인지 법인인지는 불문하며, 법인격 없는 사단이나 재단도 대표자나 관리인이 정하여져 있는 경우에는 그 이름으로 행정심판을 청구할 수 있다.

### 3. 청구인적격

(1) 의의

청구인적격이란 구체적인 행정심판에 있어서 적법한 청구인이 될 수 있는 자격을 말한다.

(2) 행정심판법 규정

① 취소심판의 청구인적격

  ㉠ 취소심판은 처분의 취소 또는 변경을 구할 법률상 이익이 있는 자가 청구할 수 있다.

  ㉡ 처분의 효과가 기간의 경과, 처분의 집행, 그 밖의 사유로 소멸된 뒤에도 그 처분의 취소로 회복되는 법률상 이익이 있는 자의 경우에도 청구할 수 있다.

② 무효등확인심판의 청구인적격: 무효등확인심판은 처분의 효력 유무 또는 존재 여부의 확인을 구할 법률상 이익이 있는 자가 청구할 수 있다.

③ 의무이행심판의 청구인적격: 의무이행심판은 처분을 신청한 자로서 행정청의 거부처분 또는 부작위에 대하여 일정한 처분을 구할 법률상 이익이 있는 자가 청구할 수 있다.

(3) 법률상 이익

① 법률상 이익의 의미에 대하여 통설·판례는 협의의 권리뿐만 아니라 처분의 근거법규 또는 관련법규에 의해 보호되고 있는 이익을 포함한다는 법률상 보호이익설을 취하고 있다.

② 법률상 보호되는 이익이라 함은 당해 처분의 근거법규 또는 관련법규에 의하여 보호되는 개별적·직접적·구체적 이익이 있는 경우를 말한다.

## 04 행정심판의 청구인의 지위승계

### 1. 청구인

행정심판의 청구인이란 심판청구의 대상이 되는 처분 또는 부작위에 불복하여 그의 취소·변경 등을 구하기 위하여 심판청구를 제기하는 자를 말한다.

### 2. 청구인능력

청구인은 자연인인지 법인인지는 불문하며, 법인격 없는 사단이나 재단도 대표자나 관리인이 정하여져 있는 경우에는 그 이름으로 행정심판을 청구할 수 있다.

### 3. 청구인의 지위승계

(I) 당연승계

① 청구인이 사망한 경우에는 상속인이나 그 밖에 법령에 따라 심판청구의 대상에 관계되는 권리나 이익을 승계한 자가 청구인의 지위를 승계한다.

② 법인인 청구인이 합병에 따라 소멸하였을 때에는 합병 후 존속하는 법인이나 합병에 따라 설립된 법인이 청구인의 지위를 승계한다.

③ 청구인의 지위를 승계한 자는 행정심판위원회에 서면으로 그 사유를 신고하여야 한다.

(2) 허가승계

① 심판청구의 대상과 관계되는 권리나 이익을 양수한 자는 행정심판위원회의 허가를 받아 청구인의 지위를 승계할 수 있다.

② 행정심판위원회는 지위승계 신청을 받으면 이에 대하여 허가 여부를 결정하고, 지체 없이 신청인에게 결정서 정본을 송달하여야 한다.

③ 신청인은 행정심판위원회가 지위승계를 허가하지 아니하면 결정서 정본을 받은 날부터 7일 이내에 행정심판위원회에 이의신청을 할 수 있다.

## ⑤ 행정심판의 피청구인

### 1. 의의

피청구인이란 행정심판에 있어서 청구인에 대립되는 당사자를 말한다.

### 2. 피청구인적격

행정심판의 피청구인은 심판청구의 대상인 처분 또는 부작위를 한 행정청이 된다. 다만, 그 처분이나 부작위에 관련된 권한이 다른 행정청에 승계된 때에는 그를 승계한 행정청을 피청구인으로 하여야 한다.

### 3. 피청구인의 경정

(1) 내용

청구인이 피청구인을 잘못 지정한 경우 또는 행정심판이 제기된 후에 당해 처분이나 부작위에 관련된 권한이 다른 행정청에 승계된 경우에는, 행정심판위원회는 당사자의 신청이나 직권에 의하여 결정으로 피청구인을 경정한다.

(2) 피청구인 경정의 효과

행정심판위원회가 피청구인의 경정결정을 하면 종전의 피청구인에 대한 심판청구는 취하되고 종전의 피청구인에 대한 행정심판이 청구된 때에 새로운 피청구인에 대한 행정심판이 청구된 것으로 본다.

## 06 행정심판의 참가제도 제7회 기출

### 1. 서설

① 행정심판의 결과에 이해관계가 있는 제3자나 행정청은 해당 심판청구에 대한 행정심판위원회(위원회)의 의결이 있기 전까지 그 사건에 대하여 심판참가를 할 수 있다.

② 이해관계인의 행정심판에의 참가를 인정한 것은 심리의 적정을 도모함과 동시에 참가인의 권익을 보호하기 위한 것이다.

### 2. 이해관계인

(1) 이해관계가 있는 제3자

이해관계가 있는 제3자란 당해 심판의 결과에 의해 직접 자기의 권익이 침해당할 수 있는 자를 말한다.

(2) 이해관계가 있는 행정청

이해관계가 있는 행정청이란 당해 처분에 대한 협의권 또는 동의권 등이 부여되어 있는 행정청을 말한다.

### 3. 참가의 방법

(1) 신청에 의한 참가

① 이해관계인이 참가신청을 한 후, 그에 대한 위원회의 허가를 얻어 참가하는 방법이다.

② 이 경우 위원회는 특별한 사정이 없는 한 참가신청의 허가를 거부할 수 없다.

(2) 요구에 의한 참가

① 위원회는 필요하다고 인정할 때에는 직권으로 이해관계인에 대하여 행정심판에 참가할 것을 요구할 수 있다.

② 이 요구를 받은 이해관계인은 참가 여부를 지체 없이 위원회에 통지하여야 한다.

## ⑰ 행정심판의 대리인

### 1. 대리인의 선임

심판청구의 당사자는 대리인을 선임하여 당해 심판청구에 관한 행위를 하게 할 수 있다.

### 2. 대리인의 권한

대리인은 심판청구의 취하를 제외하고는 본인을 위하여 당해 심판청구에 관한 모든 행위를 할 수 있다.

### 3. 국선대리인

① 청구인이 경제적 능력으로 인해 대리인을 선임할 수 없는 경우에는 행정심판위원회에 국선대리인을 선임하여 줄 것을 신청할 수 있다.

② 행정심판위원회는 신청에 따른 국선대리인 선정 여부에 대한 결정을 하고, 지체 없이 청구인에게 그 결과를 통지하여야 한다.

## ⑧ 중앙행정심판위원회의 구성과 회의

### 1. 서설

① 해당 행정청 소속으로 행정심판위원회를 설치하는 경우 외의 국가행정기관의 장 또는 그
소속 행정청

② 특별시장·광역시장·특별자치시장·도지사·특별자치도지사(교육감을 포함한다) 또는
특별시·광역시·특별자치시·도·특별자치도의 의회 등의 처분 또는 부작위에 대한 심
판청구에 대하여는 국민권익위원회에 두는 중앙행정심판위원회에서 심리·재결한다.

### 2. 구성

① 중앙행정심판위원회는 위원장 1명을 포함한 70명 이내의 위원으로 구성하되, 위원 중 상
임위원은 4명 이내로 한다.

② 중앙행정심판위원회의 위원장은 국민권익위원회의 부위원장 중 1명이 된다.

③ 중앙행정심판위원회의 상임위원은 임기제 일반직 국가공무원으로 중앙행정심판위원회
위원장의 제청으로 국무총리를 거쳐 대통령이 임명한다.

④ 중앙행정심판위원회의 비상임위원은 중앙행정심판위원회 위원장의 제청으로 국무총리가
성별을 고려하여 위촉한다.

### 3. 회의

중앙행정심판위원회의 회의는 위원장, 상임위원 및 위원장이 회의마다 지정하는 비상임위원
을 포함하여 총 9명으로 구성하며, 2명 이상의 상임위원이 포함되어야 한다.

### 4. 소위원회

중앙행정심판위원회는 심판청구사건 중 도로교통법에 따른 자동차운전면허 행정처분에 관한
사건을 심리·의결하게 하기 위하여 4명의 위원으로 구성하는 소위원회를 둘 수 있다.

## ⑨ 시·도지사 소속의 행정심판위원회의 구성과 회의 <sup>제7회 기출</sup>

### 1. 서설

① 시·도 소속 행정청

② 시·도의 관할구역에 있는 시·군·자치구의 장, 소속 행정청 또는 시·군·자치구의 의회 등의 처분 또는 부작위에 대한 심판청구에 대하여는 시·도지사 소속으로 두는 행정심판위원회에서 심리·재결한다.

### 2. 구성

① 행정심판위원회는 위원장 1명을 포함한 50명 이내의 위원으로 구성한다.

② 행정심판위원회의 위원장은 그 행정심판위원회가 소속된 행정청이 된다.

③ 행정심판위원회의 위원은 해당 행정심판위원회가 소속된 행정청이 성별을 고려하여 위촉하거나 그 소속 공무원 중에서 지명한다.

### 3. 회의

행정심판위원회의 회의는 위원장과 위원장이 회의마다 지정하는 8명의 위원으로 구성한다. 다만 위원장과 위원장이 회의마다 지정하는 6명의 위원으로 구성할 수 있다.

## ⑩ 행정심판위원회의 위원 등의 제척, 기피, 회피 <sup>제1회 기출</sup>

### 1. 서설

행정심판위원회(위원회)의 위원 등의 제척, 기피, 회피는 행정심판에 있어서 심리·의결의 공정성을 확보하기 위하여 인정되는 제도이다.

### 2. 제척

(1) 의의

제척이란 위원에게 법정사유가 있으면 당연히 그 사건에 대한 직무집행(심리·의결) 등에서 배제되는 것을 말한다.

(2) 제척의 이유(당친증대관)

① 위원 또는 그 배우자나 배우자이었던 사람이 사건의 당사자이거나 사건에 관하여 공동권리자 또는 의무자인 경우

② 위원이 사건의 당사자와 친족이거나 친족이었던 경우

③ 위원이 사건에 관하여 증언이나 감정을 한 경우

④ 위원이 당사자의 대리인으로서 사건에 관여하거나 관여하였던 경우

⑤ 위원이 사건의 대상이 된 처분 또는 부작위에 관여한 경우

(3) 절차

제척결정은 위원회의 위원장이 직권으로 또는 당사자의 신청에 의하여 한다.

### 3. 기피

(1) 의의

기피란 위원에게 제척사유 이외에 심리·의결의 공정을 의심할 만한 사유가 있는 때에 당사자의 신청에 따라 위원장의 결정에 의하여 직무집행으로부터 배제되는 것을 말한다.

(2) 절차

당사자는 위원에게 공정한 심리·의결을 기대하기 어려운 사정이 있으면 위원장에게 기피신청을 할 수 있다.

## 4. 회피

### (1) 의의

회피란 위원이 스스로 제척 또는 기피의 사유가 있다고 인정하여 자발적으로 심리·의결을 피하는 것을 말한다.

### (2) 절차

회피하고자 하는 위원은 위원장에게 그 사유를 소명하여야 한다.

# ⑪ 행정심판의 청구절차

## 1. 서설

행정심판의 청구는 일정한 사항을 기재하여 서면으로 하여야 한다.

## 2. 청구서 제출

행정심판을 청구하려는 자는 심판청구서를 작성하여 피청구인이나 행정심판위원회(위원회)에 제출하여야 한다. 이 경우 피청구인의 수만큼 심판청구서 부본을 함께 제출하여야 한다.

## 3. 피청구인의 처리

### (1) 청구내용의 인용

심판청구서를 받은 피청구인은 그 심판청구가 이유 있다고 인정하면 심판청구의 취지에 따라 직권으로 처분을 취소·변경하거나 확인을 하거나 신청에 따른 처분(직권취소등)을 할 수 있다.

### (2) 위원회에 송부

① 피청구인이 심판청구서를 접수하면 10일 이내에 심판청구서와 답변서를 위원회에 보내야 한다.

② 심판청구가 그 내용이 특정되지 아니하는 등 명백히 부적법하다고 판단되는 경우에 피청구인은 답변서를 위원회에 보내지 아니할 수 있다. 이 경우 심판청구서를 접수한 날부터 10일 이내에 그 사유를 위원회에 문서로 통보하여야 한다.

③ 위원장이 심판청구에 대하여 답변서 제출을 요구하면 피청구인은 위원장으로부터 답변서 제출을 요구받은 날부터 10일 이내에 위원회에 답변서를 제출하여야 한다.

④ 피청구인은 처분의 상대방이 아닌 제3자가 심판청구를 한 경우에는 지체 없이 처분의 상대방에게 그 사실을 알려야 한다. 이 경우 심판청구서 사본을 함께 송달하여야 한다.

⑤ 피청구인이 심판청구서를 보낼 때에는 심판청구서에 위원회가 표시되지 아니하였거나 잘못 표시된 경우에도 정당한 권한이 있는 위원회에 보내야 한다.

⑥ 피청구인은 답변서를 보낼 때에는 청구인의 수만큼 답변서 부본을 함께 보내되, 답변서에는 처분이나 부작위의 근거와 이유, 심판청구의 취지와 이유에 대응하는 답변 등을 명확하게 적어야 한다.

## 4. 위원회의 처리

① 위원회는 심판청구서를 받으면 지체 없이 피청구인에게 심판청구서 부본을 보내야 한다.

② 심판청구서 부본을 받은 피청구인은 그 심판청구가 이유 있다고 인정하면 심판청구의 취지에 따라 직권취소등을 할 수 있다.

③ 피청구인이 심판청구서 부본을 송부받으면 10일 이내에 답변서를 위원회에 보내야 한다.

④ 위원회는 피청구인으로부터 답변서가 제출된 경우 답변서 부본을 청구인에게 송달하여야 한다.

## ⑫ 행정심판의 청구기간 제3회 · 제5회 · 제8회 기출

### 1. 서설

① 행정심판은 소정의 기간 내에 청구하여야 한다.

② 청구기간의 제한은 취소심판과 거부처분에 대한 의무이행심판에만 적용되고, 무효등확인심판과 부작위에 대한 의무이행심판에는 적용되지 않는다.

### 2. 원칙적인 심판청구 기간

① 행정심판은 처분이 있음을 알게 된 날부터 90일 이내에 청구하여야 하고, 처분이 있었던 날부터 180일 이내에 청구하여야 한다.

② 두 기간 중 어느 하나라도 먼저 경과하면 행정심판청구를 할 수 없게 된다.

### 3. 예외적인 심판청구 기간

**(1) 90일에 대한 예외**

① 청구인이 천재지변, 전쟁, 사변, 그 밖의 불가항력으로 인하여 처분이 있음을 알게 된 날부터 90일 이내에 심판청구를 할 수 없었을 때에는 그 사유가 소멸한 날부터 14일 이내에 행정심판을 청구할 수 있다.

② 다만, 국외에서 행정심판을 청구하는 경우에는 그 기간을 30일로 한다.

**(2) 180일에 대한 예외**

처분이 있었던 날로부터 180일이 경과하더라도 그 기간 내에 심판청구를 하지 못한 정당한 사유가 있는 경우에는 심판청구를 할 수 있다.

### 4. 제3자의 심판청구 기간

**(1) 원칙적 기간**

① 처분의 상대방이 아닌 제3자가 행정심판을 청구하는 경우에도 그 기간은 원칙적으로 처분이 있음을 알게 된 날부터 90일 이내, 처분이 있었던 날부터 180일 이내이다.

② 그런데, 제3자는 통지의 상대방이 아니므로 일반적으로 제3자의 심판청구기간은 처분이 있었던 날부터 180일 이내가 기준이 된다.

### (2) 정당한 사유가 있는 경우

① 처분의 상대방이 아닌 제3자는 처분이 있었던 것을 바로 알 수 없으므로 특별한 사정이 없는 한 정당한 사유가 있는 경우에 해당하여 심판청구기간이 경과한 뒤에도 심판을 청구할 수 있다.

② 다만, 제3자가 어떤 경위로든 처분이 있음을 알았다면 그때부터 90일 이내에 행정심판을 청구하여야 한다.

## 5. 불고지 및 오고지의 경우

### (1) 불고지

행정청이 심판청구 기간을 알리지 아니한 경우에는 처분이 있었던 날부터 180일 이내에 심판청구를 할 수 있다.

### (2) 오고지

행정청이 심판청구 기간을 처분이 있음을 알게 된 날부터 90일 이내보다 긴 기간으로 잘못 알린 경우 그 잘못 알린 기간에 심판청구가 있으면 그 행정심판은 처분이 있음을 알게 된 날부터 90일 이내에 청구된 것으로 본다.

## ⑬ 행정심판청구의 변경

### 1. 의의

행정심판청구의 변경이란 청구인이 행정심판을 청구한 후에 당초에 청구한 행정심판사항에 대하여 새로운 행정심판을 청구함이 없이 청구의 취지나 이유를 변경하는 것을 말한다.

### 2. 구분

① 청구인은 청구의 기초에 변경이 없는 범위에서 청구의 취지나 이유를 변경할 수 있다.

② 행정심판이 청구된 후에 피청구인이 새로운 처분을 하거나 심판청구의 대상인 처분을 변경한 경우에는 청구인은 새로운 처분이나 변경된 처분에 맞추어 청구의 취지나 이유를 변경할 수 있다.

### 3. 절차

① 청구의 변경은 서면으로 신청하여야 한다. 이 경우 피청구인과 참가인의 수만큼 청구변경신청서 부본을 함께 제출하여야 한다.

② 위원회는 청구변경신청서 부본을 피청구인과 참가인에게 송달하여야 한다.

③ 위원회는 청구변경 신청에 대하여 허가할 것인지 여부를 결정하고, 지체 없이 신청인에게 결정서 정본을 송달하여야 한다.

④ 신청인은 결정서 정본을 송달을 받은 날부터 7일 이내에 위원회에 이의신청을 할 수 있다.

### 4. 효과

청구의 변경결정이 있으면 처음 행정심판이 청구되었을 때부터 변경된 청구의 취지나 이유로 행정심판이 청구된 것으로 본다.

## ⑭ 집행정지 제10회·제11회 기출

### 1. 의의

집행정지란 처분, 처분의 집행 또는 절차의 속행 때문에 중대한 손해가 생기는 것을 예방할 필요성이 긴급하다고 인정할 때에 당사자의 권리·이익을 보전하기 위하여 행정심판위원회(위원회)가 처분의 효력이나 그 집행 또는 절차의 속행의 전부 또는 일부를 잠정적으로 정지하는 제도를 말한다.

### 2. 요건(계처중공본)

① 심판청구가 계속되어 있어야 한다.
② 집행정지의 대상인 처분이 존재하여야 한다.
③ 중대한 손해가 생기는 것을 예방할 필요성이 긴급하여야 한다.
④ 공공복리에 중대한 영향을 미칠 우려가 없어야 한다.
⑤ 본안이 이유 없음이 명백하지 않아야 한다.

### 3. 절차

① 위원회는 직권으로 또는 당사자의 신청에 의하여 집행정지를 결정할 수 있다.
② 집행정지신청은 심판청구와 동시에 또는 심판청구에 대한 위원회의 의결이 있기 전까지 신청의 취지와 원인을 적은 서면을 위원회에 제출하여야 한다.
③ 위원회의 심리·결정을 기다릴 경우 중대한 손해가 생길 우려가 있다고 인정되면 위원장은 직권으로 위원회의 심리·결정을 갈음하는 집행정지에 관한 결정을 할 수 있다.
④ 이 경우 위원장은 지체 없이 위원회에 그 사실을 보고하고 추인을 받아야 하며, 위원회의 추인을 받지 못하면 위원장은 집행정지에 관한 결정을 취소하여야 한다.

### 4. 내용

① 집행정지결정은 처분의 효력, 처분의 집행 또는 절차의 속행의 전부 또는 일부의 정지를 그 내용으로 한다.
② 다만, 처분의 효력정지는 처분의 집행 또는 절차의 속행을 정지함으로써 목적을 달성할 수 있는 경우에는 허용되지 아니한다.

## 5. 취소

위원회는 집행정지를 결정한 후에 집행정지가 공공복리에 중대한 영향을 미치거나 그 정지
사유가 없어진 경우에는 직권으로 또는 당사자의 신청에 의하여 집행정지결정을 취소할 수
있다.

## 6. 적용범위

집행정지는 취소심판 및 무효등확인심판에만 인정되고, 의무이행심판에는 인정되지 아니
한다.

## ⑮ 임시처분 제4회 기출

### 1. 의의

임시처분이란 처분 또는 부작위가 위법·부당하다고 상당히 의심되는 경우로서 처분 또는 부작위 때문에 당사자가 받을 우려가 있는 중대한 불이익이나 당사자에게 생길 급박한 위험을 막기 위하여 임시지위를 정하여야 할 필요가 있는 경우에 행정심판위원회(위원회)가 발하는 가구제 수단을 말한다.

### 2. 요건(계상중공)

① 심판청구가 계속되어 있어야 한다.
② 처분 또는 부작위가 위법·부당하다고 상당히 의심되는 경우이어야 한다.
③ 당사자에게 중대한 불이익이나 급박한 위험이 발생할 우려가 있어야 한다.
④ 공공복리에 중대한 영향을 미칠 우려가 없어야 한다.

### 3. 절차

① 위원회는 직권으로 또는 당사자의 신청에 의하여 임시처분을 결정할 수 있다.
② 임시처분 신청은 심판청구와 동시에 또는 심판청구에 대한 위원회의 의결이 있기 전까지 하여야 한다.
③ 위원회의 심리·결정을 기다릴 경우 중대한 불이익이나 급박한 위험이 생길 우려가 있다고 인정되면 위원장은 직권으로 위원회의 심리·결정을 갈음하는 임시처분에 관한 결정을 할 수 있다.
④ 이 경우 위원장은 지체 없이 위원회에 그 사실을 보고하고 추인을 받아야 하며, 위원회의 추인을 받지 못하면 위원장은 임시처분에 관한 결정을 취소하여야 한다.

### 4. 취소

위원회는 임시처분을 결정한 후에 임시처분이 공공복리에 중대한 영향을 미치거나 임시처분 사유가 없어진 경우에는 직권으로 또는 당사자의 신청에 의하여 임시처분결정을 취소할 수 있다.

### 5. 집행정지와의 관계

임시처분은 집행정지로 목적을 달성할 수 있는 경우에는 허용되지 않는다.

## ⑯ 행정심판의 심리

### 1. 심리의 의의

심리란 재결의 기초가 될 사실관계 및 법률관계를 명확히 하기 위하여 당사자 및 관계인의 주장과 반박을 듣고, 증거 기타의 자료를 수집·조사하는 일련의 절차를 말한다.

### 2. 심리의 내용

(1) 요건심리

행정심판을 청구하는 데 있어 필요한 형식적 제기요건을 충족하고 있는지를 심사하는 것이다.

(2) 본안심리

행정심판청구가 적법한 경우에 심판청구인의 청구의 당부에 대하여 실질적으로 심사하는 것이다.

### 3. 심리의 범위

(1) 불고불리의 원칙 및 불이익변경금지의 원칙

행정심판위원회는 심판청구의 대상이 되는 처분 또는 부작위 외의 사항에 대하여는 심리하지 못하며, 심판청구의 대상이 되는 처분보다 청구인에게 불리한 심리를 하지 못한다.

(2) 법률문제, 재량문제, 사실문제

행정처분이나 부작위의 위법·적법 여부인 법률문제뿐만 아니라 공익에의 부합 여부인 당·부당의 재량문제나 사실문제도 심리할 수 있다.

### 4. 심리의 기본원칙(대직서비)

(1) 대심주의

대심주의란 서로 대립하는 당사자인 청구인과 피청구인의 공격과 방어를 바탕으로 하여 심리를 진행하는 제도를 말한다.

(2) 직권심리주의 가미

행정심판의 심리는 당사자주의를 원칙으로 하면서 행정심판위원회는 심리를 위하여 필요하다고 인정되는 경우에는 당사자가 주장하지 않은 사실에 대하여도 심리하고 증거조사를 할 수 있다.

### (3) 서면심리주의 또는 구술심리주의

행정심판의 심리는 구술심리나 서면심리로 한다. 다만, 당사자가 구술심리를 신청한 경우에는 서면심리만으로 결정할 수 있다고 인정되는 경우 외에는 구술심리를 하여야 한다.

### (4) 비공개주의

행정심판에 있어서 심리의 능률화를 도모하는 관점에서 행정심판의 심리·재결은 일반인이 방청할 수 없는 상태에서 행한다.

## 5. 당사자의 절차적 권리(기구보물증)

### (1) 위원·직원에 대한 기피신청권

당사자는 행정심판위원에게 공정한 심리·의결을 기대하기 어려운 사정이 있으면 위원장에게 기피신청을 할 수 있다.

### (2) 구술심리신청권

행정심판의 심리는 구술심리나 서면심리로 한다. 당사자가 구술심리를 신청하려면 심리기일 3일 전까지 행정심판위원회에 서면 또는 구술로 신청하여야 한다.

### (3) 보충서면제출권

당사자는 심판청구서·보정서·답변서·참가신청서 등에서 주장한 사실을 보충하고 다른 당사자의 주장을 다시 반박하기 위하여 필요하면 행정심판위원회에 보충서면을 제출할 수 있다.

### (4) 증거서류나 증거물제출권

당사자는 심판청구서·보정서·답변서·참가신청서·보충서면 등에 덧붙여 그 주장을 뒷받침하는 증거서류나 증거물을 제출할 수 있다.

### (5) 증거조사신청권

행정심판위원회는 사건을 심리하기 위하여 필요하면 직권으로 또는 당사자의 신청에 의하여 증거조사를 할 수 있으므로 당사자는 위원회에 증거조사를 신청할 수 있다.

## ⑰ 행정심판의 보정

### 1. 서설

행정심판이란 행정청의 위법 또는 부당한 처분이나 부작위로 인하여 자신의 권리나 이익을 침해당한 자가 행정기관에 대하여 그 시정을 구하는 절차를 말한다.

### 2. 보정

① 행정심판위원회(위원회)는 심판청구가 적법하지 아니하나 보정할 수 있다고 인정하면 기간을 정하여 청구인에게 보정할 것을 요구할 수 있다. 다만, 경미한 사항은 직권으로 보정할 수 있다.

② 청구인은 보정요구를 받으면 서면으로 보정하여야 한다. 이 경우 다른 당사자의 수만큼 보정서 부본을 함께 제출하여야 한다.

③ 위원회는 제출된 보정서 부본을 지체 없이 다른 당사자에게 송달하여야 한다.

④ 보정을 한 경우에는 처음부터 적법하게 행정심판이 청구된 것으로 본다.

⑤ 보정기간은 재결 기간에 산입하지 아니한다.

⑥ 위원회는 청구인이 보정기간 내에 그 흠을 보정하지 아니한 경우에는 그 심판청구를 각하할 수 있다.

### 3. 각하

위원회는 심판청구서에 타인을 비방하거나 모욕하는 내용 등이 기재되어 청구 내용을 특정할 수 없고 그 흠을 보정할 수 없다고 인정되는 경우에는 보정요구 없이 그 심판청구를 각하할 수 있다.

## ⑱ 행정심판의 재결

### 1. 서설

① 재결이란 행정심판의 청구에 대하여 심리의 결과에 따라 행정심판위원회(위원회)가 행하는 판단을 말한다.
② 재결은 확인행위, 준사법적 행위, 기속행위의 성질을 가진다.
③ 재재은 서면으로 하여야 하는 요식행위이다.

### 2. 재결의 기간

재결은 위원회 또는 피청구인인 행성청이 심판청구서를 받은 날로부터 60일 이내에 하여야 하되, 부득이한 사정이 있는 때에는 위원장이 직권으로 30일을 연장할 수 있다.

### 3. 재결의 범위

#### (1) 불고불리의 원칙

위원회는 심판청구의 대상이 되는 처분 또는 부작위 외의 사항에 대하여는 재결하지 못한다.

#### (2) 불이익변경금지의 원칙

위원회는 심판청구의 대상이 되는 처분보다 청구인에게 불이익한 재결을 하지 못한다.

### 4. 재결의 종류(각기인사)

#### (1) 각하재결

요건심리의 결과 심판청구의 제기요건을 충족하지 못한 부적법한 심판청구에 대하여 본안에 대한 심리를 거절하는 재결을 말한다.

#### (2) 기각재결

본안심리의 결과 심판청구가 이유 없다고 인정하여 청구를 배척하고, 원처분을 지지하는 재결을 말한다.

#### (3) 인용재결

본안심리의 결과 심판청구가 이유 있다고 인정하여 청구인의 청구의 취지를 받아들이는 내용의 재결을 말한다.

⑷ 사정재결

본안심리의 결과 그 심판청구가 이유 있다고 인정하는 경우에도 이를 인용하는 것이 공공복리에 크게 위배된다고 인정할 때에 그 심판청구를 기각하는 재결을 말한다.

## 5. 재결의 송달

위원회가 재결을 한 때에는 지체 없이 당사자에게 재결서의 정본을 송달하여야 하며, 재결은 청구인에게 송달이 되었을 때 효력이 발생한다.

## ⑲ 행정심판의 종류 및 인용재결

### 1. 서설

행정심판이란 행정청의 위법 또는 부당한 처분이나 부작위로 인하여 자신의 권리나 이익을 침해당한 자가 행정기관에 대하여 그 시정을 구하는 절차를 말한다.

### 2. 행정심판의 종류

#### (1) 취소심판

취소심판은 행정청의 위법 또는 부당한 처분을 취소하거나 변경하는 행정심판을 말한다.

#### (2) 무효등확인심판

무효등확인심판은 행정청의 처분의 효력 유무 또는 존재 여부를 확인하는 행정심판을 말한다.

#### (3) 의무이행심판

의무이행심판은 당사자의 신청에 대한 행정청의 위법 또는 부당한 거부처분이나 부작위에 대하여 일정한 처분을 하도록 하는 행정심판을 말한다.

### 3. 인용재결

#### (1) 취소·변경재결

취소·변경재결은 취소심판의 청구가 이유 있다고 인정할 때에 행성심판위원회가 스스로 처분을 취소 또는 변경하거나(처분취소·처분변경재결), 처분청에 대하여 당해 처분의 변경을 명하는 재결(처분변경명령재결)이다.

#### (2) 무효등확인재결

무효등확인재결은 무효등확인심판의 청구가 이유 있다고 인정할 때에 행정심판위원회가 당해 처분의 효력 유무 또는 존재 여부를 확인하는 재결이다.

#### (3) 의무이행재결

의무이행재결은 의무이행심판의 청구가 이유 있다고 인정할 때에 행정심판위원회가 신청에 따른 처분을 하거나(처분재결), 처분청이나 부작위청에게 그 신청에 따른 처분을 할 것을 명하는 재결(처분명령재결)이다.

## ⑳ 사정재결

### 1. 의의

사정재결이란 심리의 결과 그 심판청구가 이유 있다고 인정하는 경우에도 이를 인용하는 것이 공공복리에 크게 위배된다고 인정할 때에 그 심판청구를 기각하는 재결을 말한다.

### 2. 요건

(1) 실질적 요건

사정재결은 심판청구를 인용하는 것이 공공복리에 크게 위배된다고 인정할 때에 한하여 행해질 수 있다.

(2) 형식적 요건

행정심판위원회는 그 재결의 주문에서 그 처분 또는 부작위가 위법하거나 부당하다는 것을 구체적으로 밝혀야 한다.

### 3. 구제방법

행정심판위원회는 사정재결을 함에 있어서 직접 청구인에 대하여 상당한 구제방법을 취하거나 피청구인에게 상당한 구제방법을 취할 것을 명할 수 있다.

### 4. 적용범위

사정재결은 취소심판 및 의무이행심판에만 인정되고, 무효등확인심판에는 인정되지 아니한다.

## ㉑ 행정심판의 재결의 효력

### 1. 재결의 의의

재결이란 행정심판의 청구에 대하여 심리의 결과에 따라 행정심판위원회가 행하는 판단을 말한다.

### 2. 재결의 효력(기공쟁변형)

(1) 기속력

① 기속력이란 피청구인인 행정청과 그 밖의 관계 행정청이 재결의 취지에 따르도록 구속하는 효력을 말하며, 인용재결에만 인정된다.
② 기속력의 내용으로 반복금지의무, 재처분의무, 결과제거의무가 있다.

(2) 공정력

공정력이란 재결에 하자가 있는 경우에도 그것이 중대하고 명백하여 당연무효의 원인이 되지 않는 한, 권한 있는 기관에 의해 취소 또는 변경될 때까지 그 유효성이 추정되는 효력을 말한다.

(3) 불가쟁력

불가쟁력이란 심판청구에 대한 재결이 있는 경우에는 당해 재결 및 동일한 처분 또는 부작위에 대하여 다시 심판청구를 제기하지 못하며, 제소기간이 경과하면 누구든지 그 효력을 다툴 수 없게 되는 효력을 말한다.

(4) 불가변력

불가변력이란 재결을 한 이상 행정심판위원회 스스로 재결을 취소·변경할 수 없는 효력을 말한다.

(5) 형성력

형성력이란 재결의 내용에 따라 법률관계의 발생·변경·소멸을 가져오는 효력을 말한다.

## 22 행정심판의 재결의 기속력 제6회 · 제10회 기출

### 1. 의의

기속력이란 피청구인인 행정청과 그 밖의 관계 행정청이 재결의 취지에 따르도록 구속하는 효력을 말하며, 인용재결에만 인정된다.

### 2. 기속력의 범위

#### (1) 주관적 범위

기속력은 피청구인인 행정청뿐만 아니라 널리 그 밖의 관계 행정청에 미친다.

#### (2) 객관적 범위

기속력은 재결의 주문 및 그 전제가 된 요건사실의 인정과 판단에만 미치고 이와 직접 관계가 없는 다른 처분에 대하여는 미치지 아니한다.

### 3. 기속력의 내용(반재결)

#### (1) 반복금지의무

① 인용재결이 있게 되면 관계 행정청은 그 재결을 준수하여야 하므로, 그 재결에 반하는 행위를 할 수 없다.

② 따라서 소극적으로 동일한 상황에서 동일한 처분을 반복할 수는 없다.

③ 반복금지의무에 위반하여 동일한 내용의 처분을 다시 한 경우 이러한 처분은 그 하자가 중대명백하여 무효이다.

#### (2) 재처분의무

① 재결에 의하여 취소되거나 무효 또는 부존재로 확인되는 처분이 당사자의 신청을 거부하는 것을 내용으로 하는 경우에는 그 처분을 한 행정청은 재결의 취지에 따라 다시 이전의 신청에 대한 처분을 하여야 한다.

② 당사자의 신청을 거부하거나 부작위로 방치한 처분의 이행을 명하는 재결이 있으면 행정청은 지체 없이 이전의 신청에 대하여 재결의 취지에 따라 처분을 하여야 한다.

③ 신청에 따른 처분이 절차의 위법 또는 부당을 이유로 재결로써 취소된 경우에는 그 처분을 한 행정청은 재결의 취지에 따라 다시 이전의 신청에 대한 처분을 하여야 한다.

#### (3) 결과제거의무

관계 행정청은 처분의 취소 또는 확인의 재결이 있게 되면 결과적으로 위법 또는 부당으로 판정된 처분에 의하여 초래된 상태를 제거해야 할 의무를 진다.

## ㉓ 재처분의무와 그 위반에 따른 조치 <sub>제7회·제11회 기출</sub>

### 1. 재결의 기속력

기속력이란 피청구인인 행정청과 그 밖의 관계 행정청이 재결의 취지에 따르도록 구속하는 효력을 말하며, 인용재결에만 인정된다.

### 2. 재처분의무

① 재결에 의하여 취소되거나 무효 또는 부존재로 확인되는 처분이 당사자의 신청을 거부하는 것을 내용으로 하는 경우에는 그 처분을 한 행정청은 재결의 취지에 따라 다시 이전의 신청에 대한 처분을 하여야 한다.

② 당사자의 신청을 거부하거나 부작위로 방치한 처분의 이행을 명하는 재결이 있으면 행정청은 지체 없이 이전의 신청에 대하여 재결의 취지에 따라 처분을 하여야 한다.

③ 신청에 따른 처분이 절차의 위법 또는 부당을 이유로 재결로써 취소된 경우에는 그 처분을 한 행정청은 재결의 취지에 따라 다시 이전의 신청에 대한 처분을 하여야 한다.

### 3. 재처분의무 위반에 따른 조치

#### (1) 시정명령과 직접처분

행정심판위원회(위원회)는 피청구인이 처분명령재결에도 불구하고 처분을 하지 아니하는 경우에는 당사자가 신청하면 기간을 정하여 서면으로 시정을 명하고 그 기간에 이행하지 아니하면 직접처분을 할 수 있다. 다만, 그 처분의 성질이나 그 밖의 불가피한 사유로 위원회가 직접처분을 할 수 없는 경우에는 그러하지 아니하다.

#### (2) 간접강제

위원회는 피청구인이 재결의 취지에 따라 다시 이전의 신청에 대한 처분 또는 이전의 신청에 대하여 재결의 취지에 따른 처분을 하지 아니하면 청구인의 신청에 의하여 결정으로 상당한 기간을 정하고 피청구인이 그 기간 내에 이행하지 아니하는 경우에는 그 지연기간에 따라 일정한 배상을 하도록 명하거나 즉시 배상을 할 것을 명할 수 있다.

## ㉔ 행정심판의 고지

### 1. 서설

① 행정심판의 고지란 행정청이 행정처분을 하는 경우에 그 처분의 상대방 또는 이해관계인에게 당해 처분에 대한 심판청구의 가능성 및 행정심판을 제기하고자 할 때 필요한 사항을 알려주는 행위를 말한다.

② 행정심판의 고지는 비권력적 사실행위로서 아무런 법적 효과도 발생시키지 않는다.

### 2. 필요성(기적)

#### (1) 행정심판청구의 기회보장

행정청이 처분의 상대방 또는 이해관계인에게 당해 처분에 대한 심판청구의 가능성 및 절차 등을 미리 알려줌으로써 행정심판절차를 밟을 수 있는 기회를 실질적으로 보장해 준다.

#### (2) 행정의 적정화

행정심판의 제기를 예상하여 행정청이나 그 구성원이 처분을 함에 있어서 신중을 기하게 됨으로써 결과적으로 행정의 적정화를 도모할 수 있다.

### 3. 고지의 종류

#### (1) 직권에 의한 고지

행정청이 처분을 할 때에는 처분의 상대방에게 해당 처분에 대하여 행정심판을 청구할 수 있는지, 행정심판을 청구하는 경우 심판청구절차 및 심판청구기간을 알려야 한다.

#### (2) 청구에 의한 고지

행정청은 이해관계인이 요구하면 해당 처분이 행정심판의 대상이 되는 처분인지, 행정심판의 대상이 되는 경우 소관행정심판위원회 및 심판청구기간을 알려 주어야 한다.

## ㉕ 고지의무 위반의 효과 <sup>제8회 기출</sup>

### 1. 서설

① 행정청이 고지를 하지 않거나 잘못 고지하는 경우에는 고지의무를 위반하는 것이 되며, 이에 대해서는 행정심판법상 일정한 효과가 발생하게 된다.

② 행정청이 처분을 발령하면서 고지의무를 이행하지 않아도 당해 처분의 효력 자체에는 영향을 미치지 않는다.

### 2. 불고지의 효과

(1) 청구절차

행정청이 고지를 하지 아니하여 청구인이 심판청구서를 다른 행정기관에 제출한 때에는 당해 행정기관은 그 심판청구서를 지체 없이 정당한 권한 있는 행정청에 송부하고 그 사실을 청구인에게 통지하여야 한다.

(2) 청구기간

행정청이 심판청구 기간을 알리지 아니한 경우에는 처분이 있었던 날부터 180일 이내에 심판청구를 할 수 있다.

### 3. 오고지의 효과

(1) 청구절차

행정청이 잘못 고지하여 청구인이 심판청구서를 다른 행정기관에 제출한 때에는 당해 행정기관은 그 심판청구서를 지체 없이 정당한 권한 있는 행정청에 송부하고 그 사실을 청구인에게 통지하여야 한다.

(2) 청구기간

행정청이 심판청구 기간을 처분이 있음을 알게 된 날부터 90일 이내보다 긴 기간으로 잘못 알린 경우 그 잘못 알린 기간에 심판청구가 있으면 그 행정심판은 처분이 있음을 알게 된 날부터 90일 이내에 청구된 것으로 본다.

# 특별행정심판

## 01 국가공무원의 징계처분 등에 대한 소청심사

### 1. 서설

특별행정심판이란 사안의 전문성과 특수성을 살리기 위하여 행정심판법 이외의 법률로 정한 행정심판을 말한다.

### 2. 소청심사의 청구

(1) 대상

① 공무원의 징계처분등, 그 밖에 그 의사에 반하는 불리한 처분이나 부작위를 대상으로 한다.
② 징계의 종류에는 파면·해임·강등·정직·감봉·견책이 있다.

(2) 처분사유 설명서의 교부

공무원에 대하여 징계처분등을 할 때나 강임·휴직·직위해제 또는 면직처분을 할 때에는 그 처분권자 또는 처분제청권자는 처분사유를 적은 설명서를 교부하여야 한다.

(3) 청구기간

① 처분사유 설명서를 받은 공무원이 그 처분에 불복할 때에는 그 설명서를 받은 날부터 30일 이내에 소청심사위원회(소청위)에 이에 대한 심사를 청구할 수 있다.
② 공무원이 징계처분등이나 강임·휴직·직위해제 또는 면직처분 외에 본인의 의사에 반한 불리한 처분을 받았을 때에는 그 처분이 있은 것을 안 날부터 30일 이내에 소청위에 이에 대한 심사를 청구할 수 있다.

### 3. 소청위의 심사

① 소청위는 소청을 접수하면 지체 없이 심사하여야 한다.
② 소청위가 소청 사건을 심사할 때에는 소청인 또는 대리인에게 진술 기회를 주어야 한다.
③ 소청인 또는 대리인에게 진술 기회를 주지 아니한 결정은 무효로 한다.

## 4. 소청위의 결정

### (1) 임시결정

소청위는 소청심사청구가 파면 또는 해임이나 면직처분으로 인한 경우에는 그 청구를 접수한 날부터 5일 이내에 해당 사건의 최종결정이 있을 때까지 후임자의 보충발령을 유예하게 하는 임시결정을 할 수 있다.

### (2) 최종결정

① 소청위가 임시결정을 한 경우에는 임시결정을 한 날부터 20일 이내에 최종결정을 하여야 한다.

② 소청위는 임시결정을 한 경우 외에는 소청심사청구를 접수한 날부터 60일 이내에 이에 대한 결정을 하어야 한다. 다만, 불가피하다고 인정되면 소청위의 의결로 30일을 연장할 수 있다.

## 5. 행정소송과의 관계

징계처분등이나 강임·휴직·직위해제 또는 면직처분, 그 밖에 본인의 의사에 반한 불리한 처분이나 부작위에 관한 행정소송은 소청위의 심사·결정을 거치지 아니하면 제기할 수 없다.

## ⑫ 국세부과처분에 대한 심사청구 및 심판청구

### 1. 서설

특별행정심판이란 사안의 전문성과 특수성을 살리기 위하여 행정심판법 이외의 법률로 정한 행정심판을 말한다.

### 2. 과세처분에 대한 불복

① 국세기본법 또는 세법에 따른 처분으로서 위법 또는 부당한 처분을 받거나 필요한 처분을 받지 못함으로 인하여 권리나 이익을 침해당한 자는 이의신청, 심사청구 또는 심판청구를 할 수 있다.

② 세무서장이나 지방국세청장의 처분에 대하여는 심사청구 또는 심판청구에 앞서 이의신청을 할 수 있다.

### 3. 이의신청

(1) 이의신청기간

이의신청은 해당 처분이 있음을 안 날(처분의 통지를 받은 때에는 그 받은 날)부터 90일 이내에 제기하여야 한다.

(2) 이의신청절차

① 이의신청은 불복의 사유를 갖추어 해당 처분을 하였거나 하였어야 할 세무서장 또는 지방국세청장에게 하거나 세무서장을 거쳐 관할 지방국세청장에게 하여야 한다.

② 지방국세청장에게 하는 이의신청서를 받은 세무서장은 이를 받은 날부터 7일 이내에 해당 신청서에 의견서를 첨부하여 해당 지방국세청장에게 송부하여야 한다.

(3) 결정

① 이의신청을 받은 세무서장과 지방국세청장은 각각 국세심사위원회의 심의를 거쳐 결정하여야 한다.

② 결정은 이의신청을 받은 날부터 30일 이내에 하여야 한다.

### 4. 심사청구

(1) 심사청구의 기간

① 심사청구는 해당 처분이 있음을 안 날(처분의 통지를 받은 때에는 그 받은 날)부터 90일 이내에 제기하여야 한다.

② 이의신청을 거친 후 심사청구를 하려면 이의신청에 대한 결정의 통지를 받은 날부터 90일 이내에 제기하여야 한다.

### (2) 심사청구의 절차

① 심사청구는 불복의 사유를 갖추어 해당 처분을 하였거나 하였어야 할 세무서장을 거쳐 국세청장에게 하여야 한다.

② 해당 청구서를 받은 세무서장은 이를 받은 날부터 7일 이내에 그 청구서에 의견서를 첨부하여 국세청장에게 송부하여야 한다.

### (3) 결정

① 심사청구를 받으면 국세청장은 국세심사위원회의 심의를 거쳐 결정을 하여야 한다.

② 결정은 심사청구를 받은 날부터 90일 이내에 하여야 한다.

## 5. 심판청구

### (1) 심판청구의 기간

① 심판청구는 해당 처분이 있음을 안 날(처분의 통지를 받은 때에는 그 받은 날)부터 90일 이내에 제기하여야 한다.

② 이의신청을 거친 후 심판청구를 하려면 이의신청에 대한 결정의 통지를 받은 날부터 90일 이내에 제기하여야 한다.

### (2) 심판청구의 절차

① 심판청구는 불복의 사유를 갖추어 그 처분을 하였거나 하였어야 힐 세무시징을 거쳐 조세심판원장에게 하여야 한다.

② 해당 청구서를 받은 세무서장은 이를 받은 날부터 10일 이내에 그 청구서에 답변서를 첨부하여 조세심판원장에게 송부하여야 한다.

### (3) 결정

① 조세심판원장이 심판청구를 받았을 때에는 조세심판관회의의 심리를 거쳐 결정한다.

② 결정은 심판청구를 받은 날부터 90일 이내에 하여야 한다.

## 6. 행정소송과의 관계

위법한 국세부과처분에 대한 행정소송은 심사청구 또는 심판청구와 그에 대한 결정을 거치지 아니하면 제기할 수 없다.

## (03) 토지수용의 재결과 이의신청

### 1. 서설

특별행정심판이란 사안의 전문성과 특수성을 살리기 위하여 행정심판법 이외의 법률로 정한 행정심판을 말한다.

### 2. 토지수용의 재결

(1) 사업인정

① 사업시행자는 토지등을 수용하려면 국토교통부장관의 사업인정을 받아야 한다.

② 사업인정을 받은 사업시행자는 토지소유자 및 관계인과의 협의 절차를 거쳐야 한다.

(2) 재결의 신청

① 협의가 성립되지 아니하거나 협의를 할 수 없을 때에는 사업시행자는 사업인정고시가 된 날부터 1년 이내에 관할 토지수용위원회(관토위)에 재결을 신청할 수 있다.

② 사업인정고시가 된 후 협의가 성립되지 아니하였을 때에는 토지소유자와 관계인은 서면으로 사업시행자에게 재결을 신청할 것을 청구할 수 있다.

③ 사업시행자는 재결신청의 청구를 받았을 때에는 그 청구를 받은 날부터 60일 이내에 관토위에 재결을 신청하여야 한다.

(3) 열람 및 심리

① 관토위는 재결신청서를 접수하였을 때에는 지체 없이 이를 공고하고, 공고한 날부터 14일 이상 관계 서류의 사본을 일반인이 열람할 수 있도록 하여야 한다.

② 관토위가 공고를 하였을 때에는 관계 서류의 열람기간 중에 토지소유자 또는 관계인은 의견을 제시할 수 있다.

③ 관토위는 열람기간이 지났을 때에는 지체 없이 해당 신청에 대한 조사 및 심리를 하여야 한다.

(4) 재결

① 관토위는 심리를 시작한 날부터 14일 이내에 재결을 하여야 한다. 다만, 특별한 사유가 있을 때에는 14일의 범위에서 한 차례만 연장할 수 있다.

② 관토위의 재결은 서면으로 하고, 재결서의 정본을 사업시행자, 토지소유자 및 관계인에게 송달하여야 한다.

## 3. 재결에 대한 이의신청

### (1) 이의신청의 기간

① 중앙토지수용위원회의 재결에 이의가 있는 자는 중앙토지수용위원회에 이의를 신청할 수 있다.

② 지방토지수용위원회의 재결에 이의가 있는 자는 해당 지방토지수용위원회를 거쳐 중앙토지수용위원회에 이의를 신청할 수 있다.

③ 이의신청은 재결서의 정본을 받은 날부터 30일 이내에 하여야 한다.

### (2) 이의신청에 대한 재결

① 중앙토지수용위원회는 이의신청을 받은 경우 재결이 위법하거나 부당하다고 인정할 때에는 그 재결의 전부 또는 일부를 취소하거나 보상액을 변경할 수 있다.

② 중앙토지수용위원회는 이의신청에 대한 재결을 한 경우에는 재결서의 정본을 사업시행자, 토지소유자 및 관계인에게 송달하여야 한다.

## 4. 행정소송의 제기

사업시행자, 토지소유자 또는 관계인은 재결에 불복할 때에는 재결서를 받은 날부터 90일 이내에, 이의신청을 거쳤을 때에는 이의신청에 대한 재결서를 받은 날부터 60일 이내에 각각 행정소송을 제기할 수 있다.

## ⑭ 구제명령 등과 재심

### 1. 서설

특별행정심판이란 사안의 전문성과 특수성을 살리기 위하여 행정심판법 이외의 법률로 정한 행정심판을 말한다.

### 2. 구제명령 등

(1) 부당해고등의 제한

① 사용자는 근로자에게 정당한 이유 없이 해고, 휴직, 정직, 전직, 감봉, 그 밖의 징벌(부당해고등)을 하지 못한다.

② 사용자는 근로자를 해고하려면 해고사유와 해고시기를 서면으로 통지하여야 한다.

(2) 부당해고등의 구제신청

① 사용자가 근로자에게 부당해고등을 하면 근로자는 지방노동위원회에 구제를 신청할 수 있다.

② 구제신청은 부당해고등이 있었던 날부터 3개월 이내에 하여야 한다.

(3) 결정

지방노동위원회는 심문을 끝내고 부당해고등이 성립한다고 판정하면 사용자에게 구제명령을 하여야 하며, 부당해고등이 성립하지 아니한다고 판정하면 구제신청을 기각하는 결정을 하여야 한다.

### 3. 구제명령등에 대한 재심

지방노동위원회의 구제명령이나 기각결정에 불복하는 사용자나 근로자는 구제명령서나 기각결정서를 통지받은 날부터 10일 이내에 중앙노동위원회에 재심을 신청할 수 있다.

### 4. 행정소송

중앙노동위원회의 재심판정에 대하여 사용자나 근로자는 재심판정서를 송달받은 날부터 15일 이내에 행정소송법의 규정에 따라 소를 제기할 수 있다.

## 05 국민건강보험공단의 처분에 대한 이의신청 및 심판청구

### 1. 서설

특별행정심판이란 사안의 전문성과 특수성을 살리기 위하여 행정심판법 이외의 법률로 정한 행정심판을 말한다.

### 2. 이의신청

(1) 이의신청의 대상

가입자 및 피부양자의 자격, 보험료등, 보험급여, 보험급여 비용에 관한 국민건강보험공단(공단)의 처분에 이의가 있는 자는 공단에 이의신청을 할 수 있다.

(2) 이의신청의 기간

이의신청은 처분이 있음을 안 날부터 90일 이내에 문서로 하여야 하며 처분이 있은 날부터 180일을 지나면 제기하지 못한다.

(3) 결정

① 이의신청을 효율적으로 처리하기 위하여 공단에 이의신청위원회를 설치한다.

② 공단은 이의신청을 받은 날부터 60일 이내에 결정을 하여야 한다. 다만, 부득이한 사정이 있는 경우에는 30일의 범위에서 그 기간을 연장할 수 있다.

### 3. 심판청구

(1) 심판청구의 기간

① 이의신청에 대한 결정에 불복하는 자는 건강보험분쟁조정위원회(분조위)에 심판청구를 할 수 있다.

② 심판청구는 결정이 있음을 안 날부터 90일 이내에 문서로 하여야 하며 결정이 있은 날부터 180일을 지나면 제기하지 못한다.

(2) 심판청구의 절차

① 심판청구를 하려는 자는 심판청구서를 공단 또는 분조위에 제출하여야 한다.

② 공단은 심판청구서를 받으면 그 심판청구서를 받은 날부터 10일 이내에 그 심판청구서에 처분을 한 자의 답변서 및 이의신청 결정서 사본을 첨부하여 분조위에 제출하여야 한다.

③ 분조위는 청구인에게 심판청구서를 받으면 지체 없이 그 부본을 공단 및 이해관계인에게 보내고, 공단은 그 부본을 받은 날부터 10일 이내에 처분을 한 자의 답변서 및 이의신청 결정서 사본을 분조위에 제출하여야 한다.

## (3) 결정

분조위는 심판청구서가 제출된 날부터 60일 이내에 결정을 하여야 한다. 다만, 부득이한 사정이 있는 경우에는 30일의 범위에서 그 기간을 연장할 수 있다.

## 06 국민연금공단의 처분에 대한 심사청구 및 재심사청구

### 1. 서설

특별행정심판이란 사안의 전문성과 특수성을 살리기 위하여 행정심판법 이외의 법률로 정한 행정심판을 말한다.

### 2. 심사청구

(1) 심사청구의 대상

가입자의 자격, 기준소득월액, 연금보험료, 그 밖의 국민연금법에 따른 급여에 관한 국민연금 공단(공단)의 처분에 이의가 있는 자는 공단에 심사청구를 할 수 있다.

(2) 심사청구의 기간

심사청구는 그 처분이 있음을 안 날부터 90일 이내에 문서로 하여야 하며, 처분이 있은 날부터 180일을 경과하면 이를 제기하지 못한다.

(3) 결정

① 심사청구 사항을 심사하기 위하여 공단에 국민연금심사위원회를 둔다.

② 공단은 심사청구를 받은 날부터 60일 이내에 결정을 하여야 한다. 다만, 부득이한 사정이 있는 경우에는 30일을 연장할 수 있다.

### 3. 재심사청구

(1) 재심사청구의 기간

심사청구에 대한 결정에 불복하는 자는 그 결정통지를 받은 날부터 90일 이내에 국민연금재심사위원회에 재심사를 청구할 수 있다.

(2) 재심사청구의 절차

① 재심사청구를 하려는 자는 재심사청구서를 그 심사청구에 대한 결정을 한 공단이나 보건복지부장관에게 제출하여야 한다.

② 공단은 재심사청구서를 제출받으면 재심사청구서를 받은 날부터 10일 이내에 그 재심사청구서를 보건복지부장관에게 보내야 한다.

(3) 재결

재결은 재심사청구서를 받은 날로부터 60일 이내에 하여야 하되, 부득이한 사정이 있는 때에는 30일을 연장할 수 있다.

## 07 산업재해보상보험법상의 보험급여 결정등에 대한 심사청구 및 재심사청구

제9회 기출

### 1. 서설

특별행정심판이란 사안의 전문성과 특수성을 살리기 위하여 행정심판법 이외의 법률로 정한 행정심판을 말한다.

### 2. 심사청구

(1) 심사청구의 대상

근로복지공단의 보험급여에 관한 결정, 진료비에 관한 결정, 약제비에 관한 결정, 진료계획 변경 조치등, 보험급여의 일시지급에 관한 결정, 합병증 등 예방관리에 관한 조치, 부당이득의 징수에 관한 결정, 수급권의 대위에 관한 결정(보험급여 결정등)에 불복하는 자는 근로복지공단(공단)에 심사청구를 할 수 있다.

(2) 심사청구의 기간

심사청구는 보험급여 결정등이 있음을 안 날부터 90일 이내에 하여야 한다.

(3) 심사청구의 절차

① 심사청구는 그 보험급여 결정등을 한 공단의 소속 기관을 거쳐 공단에 제기하여야 한다.
② 심사청구서를 받은 공단의 소속 기관은 5일 이내에 의견서를 첨부하여 공단에 보내야 한다.

(4) 결정

① 심사청구를 심의하기 위하여 공단에 관계 전문가 등으로 구성되는 산업재해보상보험심사위원회를 둔다.
② 공단은 심사청구서를 받은 날부터 60일 이내에 산업재해보상보험심사위원회의 심의를 거쳐 심사청구에 대한 결정을 하여야 한다. 다만, 부득이한 사유로 그 기간 이내에 결정을 할 수 없으면 한 차례만 20일을 넘지 아니하는 범위에서 그 기간을 연장할 수 있다.

## 3. 재심사청구

### (1) 재심사청구의 기간

① 심사청구에 대한 결정에 불복하는 자는 산업재해보상보험재심사위원회에 재심사청구를 할 수 있다.

② 재심사청구는 심사청구에 대한 결정이 있음을 안 날부터 90일 이내에 제기하여야 한다.

### (2) 재심사청구의 절차

① 재심사청구는 그 보험급여 결정등을 한 공단의 소속 기관을 거쳐 산업재해보상보험재심사위원회에 제기하여야 한다.

② 재심사청구서를 받은 공단의 소속 기관은 5일 이내에 의견서를 첨부하여 산업재해보상보험재심사위원회에 보내야 힌다.

### (3) 재결

산업재해보상보험재심사위원회는 재심사청구서를 받은 날부터 60일 이내에 재심사청구에 대한 재결을 하여야 한다. 다만, 부득이한 사유로 그 기간 이내에 재결을 할 수 없으면 한 차례만 20일을 넘지 아니하는 범위에서 그 기간을 연장할 수 있다.

# 행정심판 재결례

> **01** 보건복지부의 약제급여·비급여목록 및 급여상한금액표 고시(약제상한금액고시)가 있었다. 이 고시는 다른 집행행위의 매개 없이 그 자체로서 국민건강보험 가입자, 국민건강보험공단, 요양기관 등의 법률관계를 직접 규율하는 성격을 가지며, 甲제약회사는 자신이 공급하는 약제에 관하여 국민건강보험법 등 이 고시의 근거법령에 의하여 보호되는 직접적이고 구체적인 이익을 향유하고 있다. 甲제약회사가 이 고시에 불복하여 심판청구기간 내에 약제상한금액고시 취소청구를 한 경우에 심판청구의 적법 여부에 관하여 논하시오.

## 1. 문제의 소재

(1) 논점의 정리

  ① 취소심판청구가 적법하기 위해서는 행정심판의 대상에 해당하여야 하며 청구인적격이 있는 자가 심판청구기간 내에 청구하여야 한다.

  ② 이 사례에서는 약제상한금액고시가 행정심판의 대상에 해당하는지 여부와 취소심판을 청구한 甲제약회사에게 청구인적격이 있는지 여부가 문제이다.

(2) 논의의 전개

  이하에서 심판청구의 요건인 취소심판의 대상과 취소심판의 청구인적격에 대하여 설명하고 심판청구의 적법 여부에 관하여 판단하겠다.

## 2. 취소심판의 대상

(1) 개괄주의

  행정심판법은 "행정청의 처분 또는 부작위에 대하여는 다른 법률에 특별한 규정이 있는 경우 외에는 이 법에 따라 행정심판을 청구할 수 있다."고 규정하여 개괄주의를 채택하고 있다.

### (2) 행정청

행정에 관한 의사를 결정하여 표시하는 국가 또는 지방자치단체의 기관, 그 밖에 법령 또는 자치법규에 따라 행정권한을 가지고 있거나 위탁을 받은 공공단체나 그 기관 또는 사인을 말한다.

### (3) 처분

① 처분이란 행정청이 행하는 구체적 사실에 관한 법집행으로서의 공권력의 행사 또는 거부와 그 밖에 이에 준하는 행정작용을 말한다.

② 처분이란 행정청의 공법상의 행위로서 특정사항에 대하여 법규에 의한 권리의 설정 또는 의무의 부담을 명하거나 기타 법률상의 효과를 발생하게 하는 등 국민의 권리·의무에 직접 관계되는 행위를 말한다.

③ 거부처분이라고 하기 위해서는 신청한 행위가 공권력의 행사 또는 이에 준하는 행정작용일 것, 거부행위가 신청인의 법률관계에 영향을 미칠 것, 신청에 대한 법규상 또는 조리상 신청권이 있을 것의 요건을 갖추어야 한다.

### (4) 소결

① 고시가 일반적·추상적 성격을 가질 때에는 법규명령이나 행정규칙에 해당할 것이지만, 다른 집행행위의 매개 없이 그 자체로서 직접 국민의 구체적인 권리·의무나 법률관계를 규율하는 성격을 가질 때에는 처분에 해당한다.

② 따라서 이 사례의 약제상한금액고시는 다른 집행행위의 매개 없이 그 자체로서 국민건강보험가입자 등의 법률관계를 직접 규율하는 성격을 가지므로 행정심판의 대상이 되는 처분에 해당한다.

## 3. 취소심판의 청구인적격

### (1) 행정심판법 규정

① 취소심판은 처분의 취소 또는 변경을 구할 법률상 이익이 있는 자가 청구할 수 있다.

② 처분의 효과가 기간의 경과, 처분의 집행, 그 밖의 사유로 소멸된 뒤에도 그 처분의 취소로 회복되는 법률상 이익이 있는 자의 경우에도 청구할 수 있다.

### (2) 법률상 이익

① 법률상 이익의 의미에 대하여 통설·판례는 협의의 권리뿐만 아니라 처분의 근거법규 또는 관련법규에 의해 보호되고 있는 이익을 포함한다는 법률상 보호이익설을 취하고 있다.

② 법률상 보호되는 이익이라 함은 당해 처분의 근거법규 또는 관련법규에 의하여 보호되는 개별적·직접적·구체적 이익이 있는 경우를 말한다.

### (3) 소결

① 약제상한금액고시로 인하여 자신이 제조·공급하는 약제의 상한금액이 인하됨에 따라 이 고시의 근거법령에 의하여 보호되는 법률상 이익이 침해당할 경우에 제약회사는 이 고시의 취소를 구할 청구인적격이 있다.

② 따라서 이 사례의 甲제약회사는 약제상한금액고시의 근거법령에 의하여 보호되는 직접적이고 구체적인 이익을 향유하고 있으므로 취소심판의 청구인적격이 있다.

## 4. 사례의 해결

① 이 사례의 약제상한금액고시 취소청구는 약제상한금액고시가 처분에 해당하므로 행정심판의 대상이 되고, 甲제약회사에게는 이 고시의 취소를 구할 법률상 이익이 있으므로 청구인적격이 있다.

② 따라서 甲제약회사의 약제상한금액고시 취소청구는 행정심판을 청구하는 데 있어 필요한 형식적 제기요건을 구비한 적법한 청구이므로 행정심판위원회는 본안재결을 하여야 할 것이다.

**02** 행정사 甲은 "행정사와 그 사무직원은 업무에 관하여 법률이 정한 보수 외에 어떠한 명목으로도 위임인으로부터 금전 또는 재산상의 이익이나 그 밖의 반대급부를 받지 못한다."라는 행정사법의 규정에 위반하는 행위를 하였다는 이유로 관할 행정청인 A시장으로부터 1개월 업무정지처분을 한다는 내용의 처분서를 2017. 5. 1. 송달받았다. 그에 따라 甲은 1개월간 업무를 하지 못한 채, 그 업무정지기간은 만료되었다. 甲은 A시장으로부터 위 처분에 대한 행정심판 고지를 받지 못했다. 甲은 2017. 9. 8. 위 처분에 불복하여 행정심판위원회에 A시장의 업무정지처분의 취소를 구하는 행정심판을 제기하였다. 행정사법 시행규칙 [별표] 업무정지처분 기준에서는 제재처분의 횟수에 따라 제재가 가중되는 것으로 규정하고 있다. 甲이 제기한 행정심판이 청구요건을 충족하는지에 관하여 논하시오. 제5회 기출

## 1. 문제의 소재

① 이 사례의 행정심판인 취소심판이 적법하기 위해서는 청구요건으로 A시장의 업무정지처분이 행정심판의 대상에 해당하여야 하고, 甲에게 청구인적격이 있어야 하며, 심판청구기간을 준수하여야 하는바, 이를 충족하는지가 문제된다.

② 이하에서 취소심판과 청구요건인 행정심판의 대상, 청구인적격, 심판청구기간에 대하여 설명하고, 이 사례의 취소심판이 청구요건을 충족하는지에 관하여 판단하겠다.

## 2. 취소심판

취소심판이란 행정청의 위법 또는 부당한 처분을 취소하거나 변경하는 행정심판을 말한다.

## 3. 행정심판의 대상

(1) 개괄주의

행정심판법은 "행정청의 처분 또는 부작위에 대하여는 다른 법률에 특별한 규정이 있는 경우 외에는 이 법에 따라 행정심판을 청구할 수 있다."고 규정하여 개괄주의를 채택하고 있다.

### (2) 처분

처분이란 행정청이 행하는 구체적 사실에 관한 법집행으로서의 공권력의 행사 또는 거부와 그 밖에 이에 준하는 행정작용을 말한다.

### (3) 부작위

부작위란 행정청이 당사자의 신청에 대하여 상당한 기간 내에 일정한 처분을 하여야 할 법률상의 의무가 있음에도 불구하고 이를 하지 아니하는 것을 말한다.

## 4. 취소심판의 청구인적격

### (1) 행정심판법 규정

① 취소심판은 처분의 취소 또는 변경을 구할 법률상 이익이 있는 자가 청구할 수 있다.
② 처분의 효과가 기간의 경과, 처분의 집행, 그 밖의 사유로 소멸된 뒤에도 그 처분의 취소로 회복되는 법률상 이익이 있는 자의 경우에도 청구할 수 있다.

### (2) 법률상 이익

① 법률상 이익의 의미에 대하여 통설·판례는 협의의 권리뿐만 아니라 처분의 근거법규 또는 관련법규에 의해 보호되고 있는 이익을 포함한다는 법률상 보호이익설을 취하고 있다.
② 법률상 보호되는 이익이라 함은 당해 처분의 근거법규 또는 관련법규에 의하여 보호되는 개별적·직접적·구체적 이익이 있는 경우를 말한다.

## 5. 심판청구기간

### (1) 내용

① 행정심판은 처분이 있음을 알게 된 날부터 90일 이내에 청구하여야 하고, 처분이 있었던 날부터 180일 이내에 청구하여야 한다.
② 두 기간 중 어느 하나라도 먼저 경과하면 행정심판청구를 할 수 없게 된다.

### (2) 불고지의 경우

행정청이 심판청구기간을 알리지 아니한 경우에는 처분이 있었던 날부터 180일 이내에 심판청구를 할 수 있다.

## 6. 결론

① 행정심판법은 행정심판의 대상에 관하여 개괄주의를 채택하고 있고, 취소심판의 대상은 처분이므로 이 사례의 A시장의 업무정지처분은 취소심판의 대상이 된다.

② 업무정지처분의 횟수에 따라 제재가 가중되는 경우에는 업무정지기간이 만료되었더라도 업무정지처분의 취소로 회복되는 법률상 이익이 있으므로 이 사례의 甲에게는 청구인 적격이 있다.

③ 행정청이 행정심판 고지를 하지 않은 경우에는 처분이 있었던 날부터 180일 이내에 심판청구를 할 수 있으므로 이 사례의 취소청구는 심판청구기간을 준수하였다.

④ 따라서 이 사례의 취소청구는 청구요건을 모두 충족하는 적법한 심판청구이다.

03 여객자동차 운수사업법에는 개인택시운송사업의 면허를 받은 자가 그 사업을 휴지 또는 폐지하고자 하는 때에는 시·도지사의 허가를 받아야 하고, 허가를 받지 아니하고 사업을 휴지하거나 폐지한 때에는 사업면허를 취소할 수 있도록 되어 있고, 자동차가 1대인 사업자의 사업면허 취소를 경감하는 경우에는 90일 이상의 사업정지로 한다고 되어 있다. 甲은 관할 행정청으로부터 개인택시운송사업 면허를 받았고, A에게 금전을 차용하였으나 변제하지 못하고 집 앞에 개인택시를 세워 둔 채 지방으로 도피하였다. 이를 알게 된 관할 행정청은 甲이 허가를 받지 않고 개인택시운송사업을 무단으로 휴지하였다는 이유로 개인택시운송사업면허 취소처분을 하였다. 甲이 개인택시운송사업면허 취소처분 취소청구를 한 경우에 청구가 인용될 수 있는지에 관하여 논하시오.

## 1. 문제의 소재

(1) 논점의 정리

① 취소심판청구가 적법하기 위해서는 행정심판의 대상에 해당하여야 하며 청구인적격이 있는 자가 심판청구기간 내에 청구하여야 한다.

② 이 사례의 취소심판청구는 적법한 것으로 판단된다.

③ 이 사례에서는 개인택시운송사업면허 취소처분이 비례의 원칙에 위배되었는지 여부가 문제이다.

(2) 논의의 전개

이하에서 취소심판, 비례의 원칙, 심리 및 재결에 대하여 설명하고, 청구의 인용 여부에 관하여 판단하겠다.

## 2. 취소심판

취소심판이란 행정청의 위법 또는 부당한 처분을 취소하거나 변경하는 행정심판을 말한다.

## 3. 비례의 원칙

### (1) 의의

행정기관이 행정작용을 함에 있어서 구체적인 행정목적을 실현하기 위한 수단과 당해 실현목적 사이에 합리적인 비례관계가 있어야 한다는 것으로 과잉금지의 원칙이라고 한다.

### (2) 내용(적필상3)

① **적합성의 원칙** : 행정기관이 취한 수단 및 조치는 행정목적을 달성하는 데 있어 적합한 것이어야 한다는 원칙이다.

② **필요성의 원칙** : 행정목적을 달성하기에 적합한 선택 가능한 다수의 수단 중에서 사인에게 가장 적은 침해를 가져오는 수단을 선택해야 한다는 원칙이다.

③ **상당성의 원칙** : 행정작용이 행정목적을 달성히는 데 적합하고 최소한의 침헤를 주는 수단이라고 해도 추구하는 공익과 침해되는 사익 사이에 상당한 균형이 유지되어야 한다는 원칙이다.

④ **3원칙의 관계** : 적합성·필요성·상당성의 원칙은 단계구조를 이루고 있다. 즉, 적합한 수단이, 적합한 수단 중에서도 필요한 수단이, 필요한 수단 중에서도 상당성 있는 수단만이 선택되어야 한다.

### (3) 위반의 효과

비례의 원칙 위반은 위법함은 물론, 헌법상의 원칙을 위반한 것으로 위헌이 된다.

## 4. 심리 및 재결

### (1) 심리

심리의 내용에는 청구의 적법 여부에 관한 심사인 요건심리와 처분이나 부작위의 위법·부당 여부에 관한 심사인 본안심리가 있다.

### (2) 재결

재결의 종류에는 요건재결인 각하재결과 본안재결인 기각재결, 인용재결, 사정재결이 있다.

## 5. 사례의 해결

### (1) 판단

① 관할 행정청은 개인택시운송사업면허 취소처분을 하는 데에 있어서 비례의 원칙을 준수
하여야 한다.

② 甲이 허가 없이 사업휴지를 하였다 하더라도 이에 대해 관할 행정청이 개인택시운송사업
면허를 취소한 것은 지나치게 과도한 수단을 사용한 것으로서 취소처분을 통해 달성하고
자 하는 여객의 원활한 운송이라는 행정목적을 감안하더라도 그 위반행위의 내용과 정도
에 비하여 甲이 받게 될 불이익이 훨씬 크다.

③ 관할 행정청이 甲에게 한 개인택시운송사업면허 취소처분은 피해의 최소성 내지 법익의
균형성이라는 요건을 결여하여 비례의 원칙에 위배되므로 위법·부당하다.

### (2) 결론

따라서 이 사례의 관할 행정청의 개인택시운송사업면허 취소처분은 비례의 원칙에 위배되며,
위법·부당한 처분이므로 행정심판위원회는 甲의 청구를 받아들이는 인용재결(처분취소재
결)을 하여야 할 것이다.

**04** 甲은 관할 행정청에 신규 건조저장시설 사업자 인정신청을 하였고, 관할 행정청은 사업자 인정신청이 농림사업시행지침서에 명시되지 않은 "시·군별 건조저장시설 개소당 논 면적" 기준을 충족하지 못하였다는 이유로 사업자 인정신청을 반려하였다. 한편, 농림사업시행지침서는 행정규칙에 해당하며 되풀이 시행되어 행정관행이 이루어졌다고 볼 수 없고, 사업자 인정에는 "시·군별 건조저장시설 개소당 논 면적" 요건을 추가할 만한 공익상의 요청이 존재한다. 甲은 신규 건조저장시설 사업자 인정신청 반려처분의 취소를 구하는 행정심판을 청구하면서 반려처분이 행정의 자기구속의 원칙에 위배되며, 재량권을 일탈·남용하였다고 주장한다. 甲의 청구가 인용될 수 있는지에 대하여 논하시오.


## 1. 문제의 소재

### (1) 논점의 정리

① 취소심판청구가 적법하기 위해서는 행정심판의 대상에 해당하여야 하며 청구인적격이 있는 자가 심판청구기간 내에 청구하여야 한다.

② 이 사례의 취소심판청구는 적법한 것으로 판단된다.

③ 이 사례에서는 신규 건조저장시설 사업자 인정신청 반려처분이 행정의 자기구속의 원칙에 위배되는지 여부가 문제이다.

### (2) 논의의 전개

이하에서 취소심판, 행정의 자기구속의 원칙, 심리 및 재결에 대하여 설명하고, 청구의 인용 여부에 관하여 판단하겠다.


## 2. 취소심판

취소심판이란 행정청의 위법 또는 부당한 처분을 취소하거나 변경하는 행정심판을 말한다.

## 3. 행정의 자기구속의 원칙

### (1) 의의

행정청이 상대방에 대하여 동종의 사안에 있어서 제3자에게 행한 결정과 동일한 결정을 하도록 스스로 구속당하는 원칙을 말하며, 그 근거를 평등의 원칙에서 찾는 것이 일반적이다.

### (2) 요건(재동선)

① 재량행위의 영역일 것 : 기속행위의 경우 이미 행정은 법규정에 구속되기 때문에 자기구속의 원칙은 행정의 재량영역에서만 의미를 갖는다.

② 동종의 사안일 것

　㉠ 선례의 사안과 상대방에 대한 사안이 법적 의미에서 동종으로 취급받을 수 있어야 한다.

　㉡ 자기구속의 원칙은 동일한 행정청에 대해서만 적용되며, 이 경우 상급행정청과 하급행정청은 동일한 행정청으로 본다.

③ 선례가 존재할 것 : 자기구속의 원칙이 적용되기 위해서는 동종 사안에 대해 행정관행이 형성되어 있어야 한다.

### (3) 위반의 효과

행정의 자기구속의 원칙을 위반한 행정처분은 위법한 것이 된다.

## 4. 심리 및 재결

### (1) 심리

심리의 내용에는 청구의 적법 여부에 관한 심사인 요건심리와 처분이나 부작위의 위법·부당 여부에 관한 심사인 본안심리가 있다.

### (2) 재결

재결의 종류에는 요건재결인 각하재결과 본안재결인 기각재결, 인용재결, 사정재결이 있다.

## 5. 사례의 해결

### (1) 판단

① 행정규칙은 일반적으로 행정조직 내부에서만 효력을 가질 뿐 대외적인 구속력을 갖는 것은 아니므로 행정처분이 그에 위반하였다고 하여 그러한 사정만으로 곧바로 위법하게 되는 것은 아니다.

② 다만, 재량권 행사의 준칙인 행정규칙이 그 정한 바에 따라 되풀이 시행되어 행정관행이 이루어지게 되면 평등의 원칙이나 신뢰보호의 원칙에 따라 행정기관은 그 상대방에 대한 관계에서 그 규칙에 따라야 할 자기구속을 받게 되며, 특별한 사정이 없는 한 그를 위반하는 처분은 재량권을 일탈·남용한 위법한 처분이 된다.

③ 농림사업시행지침서는 되풀이 시행되어 행정관행이 이루어졌다고 볼 수 없으며, 사업자 인정에는 "시·군별 건조저장시설 개소당 논 면적" 요건을 추가할 만한 특별한 사정이 있으므로 반려처분은 행정의 자기구속의 원칙에 위배되지 않으며, 재량권의 일탈·남용이 아니다.

## ⑵ 결론

따라서 이 사례의 관할 행정청의 신규 건조저장시설 사업자 인정신청 반려처분은 행정의 자기구속의 원칙에 위배되지 않고, 적법·타당하므로 행정심판위원회는 본안심리를 하여 甲의 청구를 배척하고 원처분을 지지하는 기각재결을 하여야 할 것이다.

05 甲은 운전면허취소사유에 해당하는 혈중알코올농도 0.15%인 상태로 운전하다가 경찰관 乙에게 적발되었다. 乙은 운전면허취소권자인 관할 지방결찰청장에게 甲에 대한 운전면허취소의 행정처분을 의뢰하였다. 한편 乙과 함께 근무하는 순경의 전산입력 착오로 甲은 운전면허정지 대상자로 분류되어 관할 경찰서장은 2014. 7. 20. 운전면허정지처분을 하였고, 甲은 운전면허증을 반납하였다. 이후 乙의 의뢰를 받은 관할 지방경찰청장은 2014. 8. 27. 甲의 운전면허를 취소하는 처분을 하였다. 甲은 운전면허취소처분의 취소를 구하는 행정심판을 청구하면서 자신은 운전면허정지처분을 신뢰하였으며, 그 신뢰는 보호되어야 한다고 주장한다. 甲의 청구가 인용될 수 있는지에 대하여 논하시오. 제2회 기출

## 1. 문제의 소재

(1) 논점의 정리

① 취소심판청구가 적법하기 위해서는 행정심판의 대상에 해당하여야 하며 청구인적격이 있는 자가 심판청구기간 내에 청구하여야 한다.

② 이 사례의 취소심판청구는 적법한 것으로 판단된다.

③ 이 사례에서는 운전면허정지처분을 한 후에 행한 운전면허취소처분이 신뢰보호의 원칙에 위배되는지 여부가 문제이다.

(2) 논의의 전개

이하에서 취소심판, 신뢰보호의 원칙, 심리 및 재결에 대하여 설명하고, 청구의 인용 여부에 관하여 판단하겠다.

## 2. 취소심판

취소심판이란 행정청의 위법 또는 부당한 처분을 취소하거나 변경하는 행정심판을 말한다.

## 3. 신뢰보호의 원칙

(1) 의의

신뢰보호의 원칙이란 행정기관의 일정한 언동의 정당성 또는 존속성에 대한 개인의 보호가치 있는 신뢰는 보호해 주어야 한다는 원칙을 말한다.

### (2) 요건(선신조인권)

① 행정기관의 선행조치(공적인 견해표명)가 있어야 한다.

② 보호가치 있는 개인의 신뢰가 있어야 한다.

③ 신뢰에 기초한 개인의 조치(처리)가 있어야 한다.

④ 행정기관의 선행조치와 개인의 조치 사이에 인과관계가 존재해야 한다.

⑤ 행정기관이 선행조치에 반하는 후행행위를 하여 이를 신뢰한 개인의 권익이 침해되어야 한다.

### (3) 위반의 효과

신뢰보호의 원칙을 위반하면 위법한 행위가 되며, 그 효과는 원칙적으로 취소사유라고 본다.

## 4. 심리 및 재결

### (1) 심리

심리의 내용에는 청구의 적법 여부에 관한 심사인 요건심리와 처분이나 부작위의 위법·부당 여부에 관한 심사인 본안심리가 있다.

### (2) 재결

재결의 종류에는 요건재결인 각하재결과 본안재결인 기각재결, 인용재결, 사정재결이 있다.

## 5. 사례의 해결

### (1) 판단

① 지방경찰청장은 운전면허 취소처분을 하는 데에 있어서 신뢰보호의 원칙을 준수하여야 한다.

② 행정청이 일단 행정처분을 한 경우에는 행정처분을 한 행정청이라도 법령에 규정이 있는 때, 행정처분에 하자가 있는 때, 행정처분의 존속이 공익에 위반되는 때, 또는 상대방의 동의가 있는 때 등의 특별한 사유가 있는 경우를 제외하고는 행정처분을 자의로 취소할 수 없다.

③ 甲에게는 선행처분인 운전면허정지처분을 받은 때에 이미 운전면허정지처분에 대한 신뢰가 형성되었다고 할 수 있고, 관할 지방경찰청장이 甲에게 운전면허정지처분을 한 상태에서 운전면허취소처분을 한 것은 甲의 신뢰 및 법적 안정성을 침해하는 것으로서 허용될 수 없으므로 위법·부당하다.

### (2) 결론

따라서 이 사례의 지방경찰청장의 자동차운전면허 취소처분은 신뢰보호의 원칙에 위배되며, 위법·부당한 처분이므로 행정심판위원회는 甲의 청구를 받아들이는 인용재결(처분취소재결)을 하여야 할 것이다.

**06** 관할 행정청은 도시·군관리계획사업에 관한 행정계획을 입안·결정함에 있어서 공익과 사익에 관한 이익형량의 고려 대상에 마땅히 포함시켜야 할 사항을 누락하였고, 정당성 내지 객관성이 결여된 상태에서 이익형량을 하여 甲 소유의 토지를 사업부지로 편입한 도시·군관리계획결정을 하였다. 甲이 도시·군관리계획결정 취소청구를 한 경우에 청구가 인용될 수 있는지에 관하여 논하시오.

## 1. 문제의 소재

(1) 논점의 정리

① 취소심판청구가 적법하기 위해서는 행정심판의 대상에 해당하여야 하며 청구인적격이 있는 자가 심판청구기간 내에 청구하여야 한다.

② 이 사례에서는 도시·군관리계획결정이 처분성이 인정되는지와 형량하자가 있는지 여부가 문제이다.

(2) 논의의 전개

이하에서 취소심판, 행정계획의 형량하자, 심리 및 재결에 대하여 설명하고 청구의 인용 여부에 관하여 판단하겠다.

## 2. 취소심판

취소심판이란 행정청의 위법 또는 부당한 처분을 취소하거나 변경하는 행정심판을 말한다.

## 3. 행정계획의 형량하자

(1) 행정계획

① 의의 : 행정계획이란 행정에 관한 전문적·기술적 판단을 기초로 하여 특정한 행정목표를 달성하기 위하여 서로 관련되는 행정수단을 종합·조정함으로써 장래의 일정한 시점에 있어서 일정한 질서를 실현할 것을 목적으로 하는 활동기준 또는 그 설정행위를 말한다.

② 처분성 : 행정계획은 국민의 권리·의무에 구체적이고 개별적인 영향을 미치는 경우 처분성이 인정된다.

### (2) 계획재량 및 형량명령

① **계획재량** : 계획재량이란 행정계획의 수립과정에서 행정주체가 갖게 되는 재량권을 말하며, 행정계획은 장래목표를 설정하는 기능을 담당하고 있기 때문에 매우 광범위한 재량이 인정된다.

② **형량명령** : 형량명령이란 행정계획 수립주체가 계획재량권을 행사함에 있어서 공익 상호간, 사익 상호간 및 공익과 사익 상호간의 정당한 형량을 하여야 한다는 원리이다.

### (3) 형량하자

① **의의** : 형량명령을 위반한 경우를 형량하자라고 한다.

② **유형**

    ㉠ 이익형량을 전혀 행하지 않은 경우(형량의 해태)

    ㉡ 이익형량의 고려대상에 마땅히 포함시켜야 할 사항을 누락한 경우(형량의 흠결)

    ㉢ 이익형량을 하였으나 정당성과 객관성이 결여된 경우(오형량)

③ **효과** : 형량에 하자가 있는 행정계획은 위법한 계획이 된다.


## 4. 사례의 해결

### (1) 판단

① 도시·군관리계획결정은 국민의 권리·의무에 구체적이고 개별적인 영향을 미치므로 처분성이 인정된다.

② 행정주체는 구체적인 행정계획을 입안·결정함에 있어서 비교적 광범위한 형성의 자유를 가지나, 형성의 자유는 무제한적인 것이 아니라 그 행정계획에 관련되는 자들의 이익을 공익과 사익 사이에서는 물론이고 공익 상호간과 사익 상호간에도 정당하게 비교교량하여야 한다는 제한이 있다.

③ 甲 소유의 토지를 사업부지로 편입한 도시·군관리계획결정은 형량의 흠결 및 오형량이 있는 행정계획이므로 위법하다.

### (2) 결론

따라서 이 사례의 관할 행정청의 도시·군관리계획결정은 처분성이 인정되므로 취소심판청구는 적법하고, 형량에 하자가 있어 위법하므로 행정심판위원회는 본안심리를 하여 甲의 청구를 받아들이는 인용재결(처분취소재결)을 하여야 할 것이다.

(07) A시는 영농상 편의를 위해 甲의 토지와 인근 토지에 걸쳐서 이미 형성되고 사용되고 있던 자연발생적 토사구거를 철거하고, 콘크리트U형 수로관으로 된 구거를 설치하는 공사를 완료하였다. 甲은 A시의 공사가 자신의 토지 약 75m²를 침해하였다는 사실을 발견하게 되었다. 이에 甲은 A시에 자신의 토지 약 75m²에 설치되어 있는 구거를 철거하고 자신의 토지 외의 지역에 새로 구거를 설치해달라는 민원을 제기하였다. 다음 물음에 답하시오. 제6회 기출

[물음 1] 甲이 제기한 민원에 대해 A시는 甲이 실제로 해당 구거에 의하여 상당한 영농상의 이득을 향유하고 있으며 구거를 새로 설치하려면 많은 예산이 소요된다는 이유로 甲이 청구를 거부하는 처분을 하였다. 만약 甲이 A시의 거부처분에 대한 취소심판을 제기하여 인용재결을 받았다면, A시는 전혀 다른 이유를 들어 甲의 청구에 대하여 거부처분을 할 수 있는지를 논하시오.

[물음 2] 甲이 민원제기와는 별도로 A시에 대하여 해당 토지에 설치되어 있는 구거의 철거와 새로운 구거의 설치를 요구하는 의무이행심판을 제기하였다면, 甲이 제기한 행정심판의 대상적격과 청구인적격의 적법 여부에 관하여 논하시오.

## [물음 1] 거부처분을 할 수 있는지 여부

### 1. 문제의 소재

① 이 사례는 甲이 A시의 민원 거부처분에 대한 취소심판을 제기하여 인용재결을 받은 경우에 A시가 전혀 다른 이유를 들어 甲의 청구에 대하여 거부처분을 하는 것이 재결의 기속력에 반하는지가 문제이다.

② 이하에서 취소심판과 재결의 기속력에 대하여 살펴보고, A시가 전혀 다른 이유를 들어 甲의 청구에 대하여 거부처분을 할 수 있는지에 관하여 판단하겠다.

### 2. 취소심판

취소심판은 행정청의 위법 또는 부당한 처분을 취소하거나 변경하는 행정심판을 말한다.

## 3. 재결의 기속력

### (1) 의의

기속력이란 피청구인인 행정청과 그 밖의 관계 행정청이 재결의 취지에 따르도록 구속하는 효력을 말하며, 인용재결에만 인정된다.

### (2) 기속력의 범위

① **주관적 범위**: 기속력은 피청구인인 행정청뿐만 아니라 널리 그 밖의 관계 행정청에 미친다.
② **객관적 범위**: 기속력은 재결의 주문 및 그 전제가 된 요건사실의 인정과 판단에만 미치고 이와 직접 관계가 없는 다른 처분에 대하여는 미치지 아니한다.

### (3) 기속력의 내용

① **반복금지의무**: 인용재결이 있게 되면 관계 행정청은 그 재결을 준수하여야 하므로, 그 재결에 반하는 행위를 할 수 없다.
② **재처분의무**: 재결에 의하여 취소되거나 무효 또는 부존재로 확인되는 처분이 당사자의 신청을 거부하는 것을 내용으로 하는 경우에는 그 처분을 한 행정청은 재결의 취지에 따라 다시 이전의 신청에 대한 처분을 하여야 한다.
③ **결과제거의무**: 관계 행정청은 처분의 취소 또는 확인의 재결이 있게 되면 결과적으로 위법 또는 부당으로 판정된 처분에 의하여 초래된 상태를 제거해야 할 의무를 진다.

## 4. 결론

① 재결의 기속력은 재결의 주문 및 그 전제가 된 요건사실의 인정과 판단에만 미친다.
② 이 사례에서 甲이 인용재결을 받았다 할지라도 A시가 전혀 다른 이유를 들어 甲의 청구에 대하여 거부처분을 하는 것은 재결의 기속력에 반하지 않는다.
③ 따라서 A시는 甲의 청구에 대하여 거부처분을 할 수 있다.

## [물음 2] 대상적격과 청구인적격의 적법 여부

### 1. 문제의 소재

① 이 사례는 甲이 제기한 의무이행심판이 대상적격과 청구인적격을 구비하였는지가 문제이다.
② 이하에서 의무이행심판, 의무이행심판의 대상과 청구인적격에 대하여 살펴보고, 甲이 제기한 행정심판의 대상적격과 청구인적격의 적법 여부에 관하여 판단하겠다.

## 2. 의무이행심판

의무이행심판은 당사자의 신청에 대한 행정청의 위법 또는 부당한 거부처분이나 부작위에 대하여 일정한 처분을 하도록 하는 행정심판을 말한다.

## 3. 의무이행심판의 대상

### (1) 거부처분

① 처분이란 행정청이 행하는 구체적 사실에 관한 법집행으로서의 공권력의 행사 또는 거부와 그 밖에 이에 준하는 행정작용을 말한다.

② 거부처분이라고 하기 위해서는 신청한 행위가 공권력의 행사 또는 이에 준하는 행정작용일 것, 거부행위가 신청인의 법률관계에 영향을 미칠 것, 신청에 대한 법규상 또는 조리상 신청권이 있을 것의 요건을 갖추어야 한다.

### (2) 부작위

부작위란 행정청이 당사자의 신청에 대하여 상당한 기간 내에 일정한 처분을 하여야 할 법률상의 의무가 있음에도 불구하고 이를 하지 아니하는 것을 말한다.

## 4. 의무이행심판의 청구인적격

의무이행심판은 처분을 신청한 자로서 행정청의 거부처분 또는 부작위에 대하여 일정한 처분을 구할 법률상 이익이 있는 자가 청구할 수 있다.

## 5. 결론

① 의무이행심판의 대상이 되는 거부처분이나 부작위가 성립하기 위해서는 먼저 신청에 따른 일정한 처분을 요구할 수 있는 법률상 권리를 가진 당사자가 행정청에 대하여 일정한 처분을 신청하고, 이러한 신청에 대하여 상당한 기간 내에 일정한 처분을 하여야 할 법률상의 의무가 있는 행정청이 이를 거부하거나 아무것도 하지 아니하는 상태가 존재하여야 한다.

② 이 사례에서 A시는 자연발생적 토사구거를 철거하고, 새로운 구거를 설치하는 공사를 완료하였을 뿐이고, 甲은 처분을 신청한 사실이 없으므로 거부처분이나 부작위가 성립하지 않는다.

③ 따라서 甲이 제기한 의무이행심판은 대상적격은 물론 청구인적격을 구비하지 못한 부적법한 심판청구이므로 행정심판위원회는 각하재결을 하여야 할 것이다.

**08** 서울특별시 A구에 거주하는 甲은, 乙의 건축물(음식점 영업과 주거를 함께하는 건물)이 甲 소유의 주택과 도로에 연접하고 있는데 乙이 건축관계법령을 위반하여 증개축공사를 하였고, 그로 인하여 甲의 집 앞 도로의 통행에 심각한 불편을 초래한다고 주장하면서 A구청을 상대로 지속적으로 민원을 제기하였다. 자신의 민원이 받아들여지지 않자 甲은 자신의 주장의 정당성과 乙이 행한 건축행위의 위법성을 입증하기 위하여 A구청장을 상대로 乙 소유 건물의 설계도면과 준공 검사 내역 등의 문서를 공개해 달라며 정보공개를 청구하였다. 그러나 A구청장은 해당정보가 乙의 사생활 및 영업상 비밀보호와 관련된 것임을 이유로 비공개 결정을 하였다. 乙 또한 정보공개를 강력하게 반대하고 있다. 그러나 甲은 이에 불복하여 행정심판을 청구하려고 한다. 다음 물음에 답하시오. <sup>제7회 기출</sup>

[물음 1] 甲이 청구하는 행정심판은 어느 행정심판위원회의 관할에 속하는가? 또한 이 행정심판에서 乙은 어떠한 지위에서 자신의 권익을 주장할 수 있는가?

[물음 2] 행정심판의 인용재결에도 불구하고 A구청장이 해당정보를 공개하지 않는 경우 행정심판위원회가 재결의 구속력을 확보하기 위해 취할 수 있는 방법은 무엇인가?

## [물음 1] 관할 행정심판위원회 및 乙의 지위

### 1. 문제의 소재

甲이 정보공개 비공개결정을 한 서울특별시 A구청장을 상대방으로 하여 행정심판을 청구하는 경우에 관할 행정심판위원회와 행정심판에서 乙의 지위가 문제이다.

### 2. 행정심판

① 행정심판이란 행정청의 위법 또는 부당한 처분이나 부작위로 인하여 자신의 권리나 이익을 침해당한 자가 행정심판위원회에 그 시정을 구하는 절차를 말한다.
② 행정심판의 종류에는 취소심판, 무효등확인심판, 의무이행심판이 있다.

## 3. 서울특별시 행정심판위원회

① 서울특별시 소속 행정청 및 자치구청장의 처분 또는 부작위에 대한 심판청구에 대하여는 서울특별시 행정심판위원회에서 심리 및 재결을 한다.

② 서울특별시 행정심판위원회는 위원장 1명을 포함한 50명 이내의 위원으로 구성한다.

③ 서울특별시 행정심판위원회의 위원장은 서울특별시장이 된다.

④ 서울특별시 행정심판위원회의 위원은 서울특별시장이 성별을 고려하여 위촉하거나 그 소속 공무원 중에서 지명한다.

## 4. 참가인

① 행정심판의 결과에 이해관계가 있는 제3자나 행정청은 해당 심판청구에 대한 행정심판위원회의 의결이 있기 전까지 그 사건에 대하여 심판참가를 할 수 있다.

② 이해관계가 있는 제3자란 당해 심판의 결과에 의해 직접 자기의 권익이 침해당할 수 있는 자를 말한다.

③ 이해관계가 있는 행정청이란 당해 처분에 대한 협의권 또는 동의권 등이 부여되어 있는 행정청을 말한다.

④ 참가방법에는 신청에 의한 참가와 요구에 의한 참가가 있다.

## 5. 결론

① 甲이 행정심판을 청구하는 경우에 피청구인은 서울특별시 A구청장이므로 이 사례의 관할 행정심판위원회는 서울특별시 행정심판위원회이다.

② 이 사례에서 乙은 이해관계가 있는 제3자이므로 乙은 이 행정심판에서 심판참가를 하여 참가인의 지위에서 자신의 권익을 주장할 수 있다.

## [물음 2] 재결의 구속력 확보 방법

### 1. 문제의 소재

이 사례의 심판청구가 인용되면, A구청장은 해당정보를 공개하여야 하나, 이를 하지 않는 경우 행정심판위원회가 어떠한 조치를 취할 수 있는지가 문제이다.

## 2. 재결의 기속력

기속력이란 피청구인인 행정청과 그 밖의 관계 행정청이 재결의 취지에 따르도록 구속하는 효력을 말하며, 인용재결에만 인정된다.

## 3. 재처분의무

① 재결에 의하여 취소되거나 무효 또는 부존재로 확인되는 처분이 당사자의 신청을 거부하는 것을 내용으로 하는 경우에는 그 처분을 한 행정청은 재결의 취지에 따라 다시 이전의 신청에 대한 처분을 하여야 한다.

② 당사자의 신청을 거부하거나 부작위로 방치한 처분의 이행을 명하는 재결이 있으면 행정청은 지체 없이 이전의 신청에 대하여 재결의 취지에 따라 처분을 하여야 한다.

## 4. 재처분의무 위반에 따른 조치

### (1) 시정명령과 직접처분

① 행정심판위원회는 피청구인이 처분명령재결에도 불구하고 처분을 하지 아니하는 경우에는 당사자가 신청하면 기간을 정하여 서면으로 시정을 명한다.

② 피청구인이 그 기간에 이행하지 아니하면 직접 처분을 할 수 있다.

### (2) 간접강제

① 행정심판위원회는 피청구인이 재결의 취지에 따라 다시 이전의 신청에 대한 처분 또는 이전의 신청에 대하여 재결의 취지에 따른 처분을 하지 아니하면 청구인의 신청에 의하여 결정으로 상당한 기간을 정한다.

② 피청구인이 그 기간 내에 이행하지 아니하는 경우에는 그 지연기간에 따라 일정한 배상을 하도록 명하거나 즉시 배상을 할 것을 명할 수 있다.

## 5. 결론

① 이 사례의 행정심판의 인용재결이 있게 되면, 재결의 기속력에 의해 피청구인은 이에 구속되므로 재처분을 하여야 한다.

② A구청장이 재처분을 하지 않는 경우 행정심판위원회가 재결의 구속력을 확보하기 위해 취할 수 있는 방법에는 시정명령과 직접처분 그리고 간접강제가 있다.

09 甲은 관할 행정청인 A시장에게 노래연습장업의 등록을 하고 그 영업을 영위해 오고 있다. 甲은 2020. 3. 5. 23:30경 영업장소에 청소년을 출입시켜 주류를 판매·제공하였다는 이유로 단속에 적발되었다. A시장은 사전통지 절차를 거친 후 2020. 4. 8. 甲에 대한 3개월의 영업정지 처분의 통지서를 송달하였고, 甲은 다음날 처분 통지서를 수령하였다. 통지서에는 "처분이 있음을 안 날부터 120일 이내에 B행정심판위원회에 행정심판을 제기할 수 있다"고 청구기간이 잘못 기재되어 있었다. 甲은 해당 처분이 자신의 위반행위에 비하여 과중한 제재처분이라고 주장하면서 A시장을 피청구인으로 하여 B행정심판위원회에 2020. 8. 3. 취소심판을 제기하였다. 다음 물음에 답하시오. 제8회 기출

[물음 1] 甲이 제기한 행정심판은 청구기간을 준수하였는지 논하시오.

[물음 2] B행정심판위원회가 A시장의 영업정지 처분이 비례원칙에 위반하여 위법하다고 판단하는 경우 어떤 종류의 재결을 할 수 있는지 논하시오.(단, 취소심판의 청구요건을 모두 갖추었다고 가정한다.)

## [물음 1] 청구기간 준수 여부

### 1. 문제의 소재

① A시장은 甲에게 영업정지 처분을 하면서 행정심판의 청구기간을 올바르게 고지하였어야 한다.

② 그러나 A시장이 행정심판의 청구기간을 잘못 고지한 경우에 행정심판의 청구기간이 어떻게 되는지가 문제이다.

### 2. 행정심판의 청구기간

(1) 원칙

① 행정심판은 처분이 있음을 알게 된 날부터 90일 이내에 청구하여야 하고, 처분이 있었던 날부터 180일 이내에 청구하여야 한다.

② 두 기간 중 어느 하나라도 먼저 경과하면 행정심판청구를 할 수 없게 된다.

(2) 예외

① 청구인이 천재지변, 전쟁, 사변, 그 밖의 불가항력으로 인하여 처분이 있음을 알게 된 날부터 90일 이내에 심판청구를 할 수 없었을 때에는 그 사유가 소멸한 날부터 14일(국외에서는 30일) 이내에 행정심판을 청구할 수 있다.

② 처분이 있었던 날로부터 180일이 경과하더라도 그 기간 내에 심판청구를 하지 못한 정당한 사유가 있는 경우에는 심판청구를 할 수 있다.

(3) 오고지의 경우

행정청이 심판청구 기간을 처분이 있음을 알게 된 날부터 90일 이내보다 긴 기간으로 잘못 알린 경우 그 잘못 알린 기간에 심판청구가 있으면 그 행정심판은 처분이 있음을 알게 된 날부터 90일 이내에 청구된 것으로 본다.

## 3. 결론

① 이 사례에서 A시장은 행정심판의 청구기간을 처분이 있음을 안 날부터 120일 이내라고 잘못 고지하였으므로 甲은 처분 통지서를 수령하고 120일 이내에 행정심판을 청구할 수 있다.

② 따라서 甲이 제기한 행정심판은 청구기간을 준수한 적법한 청구이다.

## [물음 2] 비례의 원칙을 위반한 경우 재결

### 1. 문제의 소재

① A시장은 甲에게 영업정지 처분을 하면서 비례의 원칙 등 행정법의 일반원칙을 준수하여야 한다.

② 그러나 A시장이 비례의 원칙을 위반하여 위법한 처분을 한 경우에 B행정심판위원회가 어떠한 재결을 하는지가 문제이다.

### 2. 비례의 원칙

(1) 의의

행정기관이 행정작용을 함에 있어서 구체적인 행정목적을 실현하기 위한 수단과 당해 실현 목적 사이에 합리적인 비례관계가 있어야 한다는 것으로 과잉금지의 원칙이라고 한다.

### (2) 내용

① **적합성의 원칙**: 행정기관이 취한 수단 및 조치는 행정목적을 달성하는 데 있어 적합한 것이어야 한다는 원칙이다.

② **필요성의 원칙**: 행정목적을 달성하기에 적합한 선택 가능한 다수의 수단 중에서 사인에게 가장 적은 침해를 가져오는 수단을 선택해야 한다는 원칙이다.

③ **상당성의 원칙**: 행정작용이 행정목적을 달성하는 데 적합하고 최소한의 침해를 주는 수단이라고 해도 추구하는 공익과 침해되는 사익 사이에 상당한 균형이 유지되어야 한다는 원칙이다.

④ **3원칙의 관계**: 적합성·필요성·상당성의 원칙은 단계구조를 이루고 있다. 즉, 적합한 수단이 적합한 수단 중에서도 필요한 수단이, 필요한 수단 중에서도 상당성 있는 수단만이 선택되어야 한다.

### (3) 위반의 효과

비례의 원칙 위반은 행정법의 일반원칙 위반으로 위법함은 물론, 헌법상의 원칙을 위반한 것으로 위헌이 된다.

## 3. 결론

① 재결의 종류에는 요건재결인 각하재결과 본안재결인 기각재결, 인용재결, 사정재결이 있다.

② 이 사례에서 B행정심판위원회는 A시장의 영업정지 처분이 비례원칙에 위반하여 위법하다고 판단하였으므로 인용재결을 하여야 한다.

⑩ 甲은 '사실상의 도로'로서 인근 주민들의 통행로로 이용되고 있는 토지(이하 '이 사건 토지'라 한다)를 매수한 다음 관할 구청장 乙에게 그 지상에 주택을 신축하겠다는 내용의 건축허가를 신청하였으나, 乙은 '위 토지가 건축법상 도로에 해당하여 건축을 허용할 수 없다'는 사유로 건축허가를 거부하였다. 이에 甲은 위 거부행위에 대해 취소심판청구 및 집행정지신청을 하였다. 다음 물음에 답하시오.

제10회 기출

[물음 1] 乙은 '甲의 건축허가 신청을 거부한 행위는 취소심판의 대상이 되는 거부처분이 아니고, 또 건축허가 거부행위에 대해서는 집행정지가 허용되지 않는다.'고 주장한다. 乙의 주장은 타당한가?

[물음 2] 이 사건 토지는 건축법상 도로에 해당하지 않는다는 이유로 행정심판위원회가 甲의 취소심판청구를 인용하는 재결을 하자 乙은 '이 사건 토지는 인근 주민들의 통행에 제공된 사실상의 도로인데 그 지상에 주택을 건축하여 주민들의 통행을 막는 것은 사회공동체와 인근 주민들의 이익에 반하므로, 甲이 신청한 주택 건축을 허용할 수 없다'는 이유로 다시 건축허가를 거부하였다. 위 재결에도 불구하고 乙이 다시 건축허가를 거부한 것은 적법한가?

---

**[참고법령] 발췌**

※ 「건축법」 제11조(건축허가) ① 건축물을 건축하거나 대수선하려는 자는 특별자치시장·특별자치도지사 또는 시장·군수·구청장의 허가를 받아야 한다. (단서 생략)

③ 제1항에 따라 허가를 받으려는 자는 허가신청서에 국토교통부령으로 정하는 설계도서 …(생략)…를 첨부하여 허가권자에게 제출하여야 한다. (단서 생략)

---

## [물음 1] 거부처분 및 집행정지

### 1. 문제의 소재

乙의 건축허가 거부행위가 취소심판의 대상이 되는 거부처분이라고 할 수 있는지와 거부처분에 대하여 집행정지가 허용되는지가 문제이다.

### 2. 취소심판

취소심판은 행정청의 위법 또는 부당한 처분을 취소하거나 변경하는 행정심판을 말한다.

## 3. 거부처분

① 처분이란 행정청이 행하는 구체적 사실에 관한 법집행으로서의 공권력의 행사 또는 거부와 그 밖에 이에 준하는 행정작용을 말한다.

② 거부처분이라고 하기 위해서는 신청한 행위가 공권력의 행사 또는 이에 준하는 행정작용일 것, 거부행위가 신청인의 법률관계에 영향을 미칠 것, 신청에 대한 법규상 또는 조리상 신청권이 있을 것의 요건을 갖추어야 한다.

## 4. 집행정지

### (1) 의의

집행정지란 처분, 처분의 집행 또는 절차의 속행 때문에 중대한 손해가 생기는 것을 예방할 필요성이 긴급하다고 인정할 때에 당사자의 권리·이익을 보전하기 위하여 행정심판위원회가 처분의 효력이나 그 집행 또는 절차의 속행의 전부 또는 일부를 잠정적으로 정지하는 제도를 말한다.

### (2) 요건

① 심판청구가 계속되어 있어야 한다.

② 집행정지의 대상인 처분이 존재하여야 한다.

③ 중대한 손해가 생기는 것을 예방할 필요성이 긴급하여야 한다.

④ 공공복리에 중대한 영향을 미칠 우려가 없어야 한다.

⑤ 본안이 이유 없음이 명백하지 않아야 한다.

### (3) 절차

① 행정심판위원회는 직권으로 또는 당사자의 신청에 의하여 집행정지를 결정할 수 있다.

② 집행정지신청은 심판청구와 동시에 또는 심판청구에 대한 행정심판위원회의 의결이 있기 전까지 하여야 한다.

### (4) 내용

① 집행정지결정은 처분의 효력, 처분의 집행 또는 절차의 속행의 전부 또는 일부의 정지를 그 내용으로 한다.

② 다만, 처분의 효력정지는 처분의 집행 또는 절차의 속행을 정지함으로써 목적을 달성할 수 있는 경우에는 허용되지 아니한다.

### (5) 적용범위

집행정지는 취소심판 및 무효등확인심판에만 인정되고, 의무이행심판에는 인정되지 아니한다.

## 5. 결론

① 甲의 건축허가 신청을 거부한 乙의 거부행위는 건축허가가 공권력의 행사이고, 거부행위가 甲의 법률관계에 영향을 미쳤으며, 건축법상 건축허가 신청권이 있는 바, 거부처분의 요건을 모두 구비하여 거부처분에 해당하므로 乙의 주장은 타당하지 않다.

② 집행정지를 하기 위해서는 적극적 처분이 존재하여야 하는 바, 소극적 처분인 거부처분에 대하여는 집행정지가 허용되지 않으므로 乙의 주장은 타당하다.

## [물음 2] 다시 건축허가 거부

### 1. 문제의 소재

행정심판위원회가 甲의 취소심판청구를 인용하는 재결을 하였다면 재결의 기속력이 발생하는 바, 乙이 다시 건축허가를 거부하는 것이 재결의 기속력에 반하는지가 문제이다.

### 2. 재결의 기속력

(1) 의의

기속력이란 피청구인인 행정청과 그 밖의 관계 행정청이 재결의 취지에 따르도록 구속하는 효력을 말하며, 인용재결에만 인정된다.

(2) 범위

① **주관적 범위**: 기속력은 피청구인인 행정청뿐만 아니라 널리 그 밖의 관계 행정청에 미친다.

② **객관적 범위**: 기속력은 재결의 주문 및 그 전제가 된 요건사실의 인정과 판단에만 미치고 이와 직접 관계가 없는 다른 처분에 대하여는 미치지 아니한다.

(3) 내용

① **반복금지의무**

  ㉠ 인용재결이 있게 되면 관계 행정청은 그 재결을 준수하여야 하므로, 그 재결에 반하는 행위를 할 수 없다.

  ㉡ 따라서 소극적으로 동일한 상황에서 동일한 처분을 반복할 수는 없다.

  ㉢ 반복금지의무에 위반하여 동일한 내용의 처분을 다시 한 경우 이러한 처분은 그 하자가 중대명백하여 무효이다.

② **재처분의무** : 재결에 의하여 취소되는 처분이 당사자의 신청을 거부하는 것을 내용으로 하는 경우에는 그 처분을 한 행정청은 재결의 취지에 따라 다시 이전의 신청에 대한 처분을 하여야 한다.

③ **결과제거의무** : 관계 행정청은 처분의 취소 또는 확인의 재결이 있게 되면 결과적으로 위법 또는 부당으로 판정된 처분에 의하여 초래된 상태를 제거해야 할 의무를 진다.

## 3. 결론

① 행정심판위원회가 甲의 취소심판청구를 인용하는 재결을 하였다면, 재결의 기속력에 의하여 乙은 그 재결을 준수하여야 하는 바, 그 재결에 반하는 행위를 할 수 없으며, 재처분을 하여야 한다.

② 행정심판위원회의 인용재결에도 불구하고 乙이 다시 건축허가를 거부한 것은 기속력의 내용인 반복금지의무를 위반한 행위로 부적법하며, 그 하자가 중대명백하여 무효이다.

⑪ A시의 공공주택난을 해소하기 위한 청년대상 공공아파트 1개동을 건설하기 위하여 甲은 시장 乙에게 주택건설사업계획승인신청을 하였다. 이 신청에 대하여 乙은 관계 법령에 따라 아파트 건설이 가능하다고 구술로 답을 하였다. 그러나 乙의 임기 만료 후에 새로 취임한 시장 丙은 공공아파트 신축 예정지역 인근에 시 지정 공원이 있어 아파트 건설로 A시의 환경, 미관 등이 손상될 우려가 있다는 이유로, 주택건설사업계획승인신청을 반려하는 처분(이하 '이 사건 반려처분'이라 한다)을 하였다. 甲은 이에 불복하여 이 사건 반려처분의 취소를 구하는 행정심판청구 및 집행정지신청(이하 '이 사건 취소심판'이라 한다)을 하였다. 다음 물음에 답하시오. 제11회 기출

[물음 1] 이 사건 취소심판에서 집행정지의 인용 여부를 검토하시오.

[물음 2] 丙은 이 사건 취소심판에 대한 인용재결이 있었음에도 불구하고 이 사건 반려처분에 대하여 아무런 조치를 취하지 않았다. 이때 甲이 취할 수 있는 행정심판법상 구제수단에 관하여 설명하시오.


## [물음 1] 집행정지의 인용 여부

### 1. 문제의 소재

甲이 이 사건 반려처분에 불복하여 취소심판 청구 및 집행정지신청을 한 경우에 집행정지신청이 인용될 수 있는지 여부가 문제이다.


### 2. 집행정지

(1) 의의

집행정지란 처분, 처분의 집행 또는 절차의 속행 때문에 중대한 손해가 생기는 것을 예방할 필요성이 긴급하다고 인정할 때에 당사자의 권리·이익을 보전하기 위하여 행정심판위원회(위원회)가 처분의 효력이나 그 집행 또는 절차의 속행의 전부 또는 일부를 잠정적으로 정지하는 제도를 말한다.

### (2) 요건

① 심판청구가 계속되어 있어야 한다.

② 집행정지의 대상인 처분이 존재하여야 한다.

③ 중대한 손해가 생기는 것을 예방할 필요성이 긴급하여야 한다.

④ 공공복리에 중대한 영향을 미칠 우려가 없어야 한다.

⑤ 본안이 이유 없음이 명백하지 않아야 한다.

### (3) 절차

① 위원회는 직권으로 또는 당사자의 신청에 의하여 집행정지를 결정할 수 있다.

② 집행정지신청은 심판청구와 동시에 또는 심판청구에 대한 위원회의 의결이 있기 전까지 신청의 취지와 원인을 적은 서면을 위원회에 제출하여야 한다.

③ 위원회의 심리·결정을 기다릴 경우 중대한 손해가 생길 우려가 있다고 인정되면 위원장은 직권으로 위원회의 심리·결정을 갈음하는 집행정지에 관한 결정을 할 수 있다.

④ 이 경우 위원장은 지체 없이 위원회에 그 사실을 보고하고 추인을 받아야 하며, 위원회의 추인을 받지 못하면 위원장은 집행정지에 관한 결정을 취소하여야 한다.

### (4) 내용

① 집행정지결정은 처분의 효력, 처분의 집행 또는 절차의 속행의 전부 또는 일부의 정지를 그 내용으로 한다.

② 다만, 처분의 효력정지는 처분의 집행 또는 절차의 속행을 정지함으로써 목적을 달성할 수 있는 경우에는 허용되지 아니한다.

### (5) 적용범위

집행정지는 취소심판 및 무효등확인심판에만 인정되고, 의무이행심판에는 인정되지 아니한다.

## 3. 결론

① 이 사건 반려처분은 거부처분이고, 거부처분은 집행정지의 대상이 될 수 없으므로 집행정지신청은 부적법하다.

② 따라서 위원회는 甲의 집행정지신청에 대하여 각하결정을 하여야 할 것이다.

## [물음 2] 행정심판법상 구제수단

### 1. 문제의 소재

① 甲의 취소심판 청구에 대하여 행정심판위원회(위원회)가 인용재결을 하면 재결의 효력으로 기속력이 발생하며, 丙은 재처분을 하여야 한다.

② 丙이 재처분의무를 이행하지 않는 경우에 甲이 행정심판법상 어떠한 구제수단을 취할 수 있는지가 문제이다.

### 2. 재결의 기속력

기속력이란 피청구인인 행정청과 그 밖의 관계 행정청이 재결의 취지에 따르도록 구속하는 효력을 말하며, 인용재결에만 인정된다.

### 3. 재처분의무

① 재결에 의하여 취소되거나 무효 또는 부존재로 확인되는 처분이 당사자의 신청을 거부하는 것을 내용으로 하는 경우에는 그 처분을 한 행정청은 재결의 취지에 따라 다시 이전의 신청에 대한 처분을 하여야 한다.

② 당사자의 신청을 거부하거나 부작위로 방치한 처분의 이행을 명하는 재결이 있으면 행정청은 지체 없이 이전의 신청에 대하여 재결의 취지에 따라 처분을 하여야 한다.

### 4. 재처분의무 위반에 따른 조치

#### (1) 시정명령과 직접처분

위원회는 피청구인이 처분명령재결에도 불구하고 처분을 하지 아니하는 경우에는 당사자가 신청하면 기간을 정하여 서면으로 시정을 명하고 그 기간에 이행하지 아니하면 직접처분을 할 수 있다. 다만, 그 처분의 성질이나 그 밖의 불가피한 사유로 위원회가 직접처분을 할 수 없는 경우에는 그러하지 아니하다.

#### (2) 간접강제

위원회는 피청구인이 재결의 취지에 따라 다시 이전의 신청에 대한 처분 또는 이전의 신청에 대하여 재결의 취지에 따른 처분을 하지 아니하면 청구인의 신청에 의하여 결정으로 상당한 기간을 정하고 피청구인이 그 기간 내에 이행하지 아니하는 경우에는 그 지연기간에 따라 일정한 배상을 하도록 명하거나 즉시 배상을 할 것을 명할 수 있다.

## 5. 결론

① 甲이 청구한 행정심판은 취소심판이므로 丙이 재처분의무를 이행하지 않는 경우에 시정 명령 신청은 할 수 없고, 甲이 취할 수 있는 행정심판법상 구제수단에는 간접강제 신청이 있다.

② 甲이 간접강제 신청을 하면 위원회는 결정으로 상당한 기간을 정하고 丙이 그 기간 내에 이행하지 아니하는 경우에는 그 지연기간에 따라 일정한 배상을 하도록 명하거나 즉시 배상을 할 것을 명할 수 있다.

PART

# 03

# 비송사건절차법

# 총칙

**Chapter 01**

## 01  비송사건과 민사소송사건의 구별 기준 및 차이점 <sup>제9회 기출</sup>

### 1. 비송사건

비송사건이란 사권관계의 형성·변경·소멸에 관하여 법원이 후견적인 입장에서 관여하는 사건을 말한다.

### 2. 구별 기준

① 비송사건은 분쟁이 없는 생활관계를 대상으로 하고, 민사소송사건은 당사자 간의 법적 분쟁을 대상으로 한다.

② 법원이 민사에 관한 사항을 처리함에 있어서 판단의 구체적 기준을 법률로 명시하여 놓은 경우와 합목적적 재량에 일임하여 놓은 경우를 구별하여, 법원이 합목적적으로 생각하는 바에 따라 처리하도록 맡긴 재량사항이면 비송사건에 해당한다고 보아야 한다.

### 3. 차이점

(1) 비송사건

① 실질적으로 행정작용이다.

② 반드시 권리의 침해나 그 회복을 전제로 하지 않는다.

③ 신청이 없이 개시되는 경우가 많으며 대립하는 당사자를 전제로 하지 않고, 재판은 결정에 의하며 기판력이 없고, 불복은 항고에 의한다.

④ 비공개주의와 서면주의가 지배한다.

⑤ 직권주의가 현저하고 자유로운 증명에 의함으로써 간이·신속하다.

(2) 민사소송사건

① 실질적으로 사법작용이다.

② 권리의 침해나 그 회복을 전제로 한다.

③ 소의 제기에 의하며 대립하는 당사자를 전제로 하고, 재판은 판결에 의하며 기판력이 있고, 불복은 항소·상고에 의한다.

④ 공개주의와 구술주의가 지배한다.

⑤ 처분권주의에 의하고 엄격한 증명을 요구함으로써 엄격·신중하다.

## 02 비송사건절차의 특징 <sub>제7회 기출</sub>

### 1. 비송사건

비송사건이란 사권관계의 형성·변경·소멸에 관하여 법원이 후견적인 입장에서 관여하는 사건을 말한다.

### 2. 비송사건절차의 특징(직탐비판속간)

(1) 직권주의

① 민사소송절차에 있어서는 처분권주의가 지배하나, 비송사건절차는 직권주의가 지배한다.
② 절차의 개시, 심판의 대상과 범위, 절차의 종결에 있어서 비송사건절차는 직권주의가 지배한다.

(2) 직권탐지주의

민사소송은 소송자료, 즉 사실과 증거의 수집, 제출의 책임을 당사자에게 맡기고, 당사자가 수집하여 제출한 소송자료만을 재판의 기초로 삼는 변론주의를 취하고 있으나, 비송사건은 재판자료의 수집, 제출의 책임을 당사자가 아닌 법원이 지게 되는 직권탐지주의를 취하고 있다.

(3) 비공개주의

민사소송의 재판은 판결로 하며 공개주의를 원칙으로 하나, 비송사건의 재판은 결정으로 하며 비공개주의를 원칙으로 한다.

(4) 기판력의 결여

① 민사소송의 재판에는 기판력이 인정되나, 비송사건의 재판에는 기판력이 인정되지 않는다.
② 법원이 당사자의 신청을 받아들이지 않을 때에 당사자는 다시 신청하는 것이 허용되며, 법원도 본래와 다른 결정을 할 수 있다.

(5) 기속력의 제한

① 민사소송의 재판에는 판결의 기속력이 인정되나, 비송사건의 재판에는 원칙적으로 기속력을 배제하고 있으며, 예외적으로 기속력을 인정하고 있다.
② 법원은 재판을 한 후에 그 재판이 위법 또는 부당하다고 인정한 때에는 원칙적으로 이를 취소 또는 변경할 수 있다.

(6) 간이주의

민사소송절차는 엄격·신중하나, 비송사건절차는 민사소송절차에 비하여 간이한 방식으로 이루어진다.

## (03) 비송사건의 관할의 종류 <sup>제11회 기출</sup>

### 1. 서설

① 관할이란 재판권을 행사하는 여러 법원 사이에 어떤 법원이 어떤 사건을 처리하느냐의 재판권의 분담관계를 정해 놓은 것을 말한다.

② 관할의 종류에는 심급관할, 사물관할, 토지관할이 있다.

### 2. 심급관할

① 심급관할이란 비송사건에 대하여 어느 법원이 제1심, 제2심, 제3심으로 심판할 것인가 하는 관할을 말한다.

② 비송사건에 있어서 제1심법원은 지방법원과 동지원이 되고, 제2심법원은 지방법원 본원 합의부 또는 고등법원이 되며, 제3심법원은 대법원이 된다.

### 3. 사물관할

① 사물관할이란 제1심법원에서 사건을 단독판사가 처리하게 할 것인가 또는 합의부에서 처리하게 할 것인가의 관할의 분배를 말한다.

② 비송사건에서는 사건의 성질에 따라 사물관할이 정해지며, 비송사건절차법은 각종의 사건마다 그 사물관할을 개별적으로 규정하고 있다.

### 4. 토지관할

(1) 의의

토지관할이란 소재지를 달리하는 동종의 법원 사이에 사건의 분담관계를 정해 놓은 것을 말한다.

(2) 원칙

① 비송사건절차법은 토지관할에 관하여 원칙적인 규정을 두지 않고 각종의 사건마다 당사자와 법원의 편의를 고려하여 개별적으로 토지관할을 규정하고 있다.

② 토지관할의 표준은 사람의 주소지, 주된 사무소의 소재지, 물건의 소재지, 채무이행지, 소송계속지 등 매우 다양하다.

**(3) 특칙**

① 법원의 토지관할이 주소에 의하여 정하여질 경우 대한민국에 주소가 없을 때 또는 대한민국 내의 주소를 알지 못할 때에는 거소지의 지방법원이 사건을 관할한다.

② 거소가 없을 때 또는 거소를 알지 못할 때에는 마지막 주소지의 지방법원이 사건을 관할한다.

③ 마지막 주소가 없을 때 또는 그 주소를 알지 못할 때에는 재산이 있는 곳 또는 대법원이 있는 곳을 관할하는 지방법원이 사건을 관할한다.

## 04 비송사건의 우선관할 및 이송과 관할법원의 지정 제3회·제10회 기출

### 1. 서설

관할이란 재판권을 행사하는 여러 법원 사이에 어떤 법원이 어떤 사건을 처리하느냐의 재판권의 분담관계를 정해 놓은 것을 말하며, 심급관할, 사물관할, 토지관할이 있다.

### 2. 우선관할

관할법원이 여러 개인 경우에는 최초로 사건을 신청받은 법원이 그 사건을 관할한다.

### 3. 사건의 이송(재량이송)

(1) 내용

우선관할권을 가지는 법원이 사건을 심리하는 것이 부적당한 경우에 그 법원은 신청에 의하거나 직권으로 적당하다고 인정하는 다른 관할법원에 그 사건을 이송할 수 있다.

(2) 이송재판의 효력

① 이송의 재판은 신청에 의하거나 직권으로 한다.

② 이송결정은 이송을 받은 법원을 기속하며, 이송을 받은 법원은 다시 사건을 다른 법원에 이송하지 못한다.

③ 이송이 확정된 때에는 사건은 처음부터 이송을 받은 법원에 계속된 것으로 간주한다.

### 4. 관할법원의 지정

(1) 의의

관할법원의 지정이란 법원의 관할지역이 명확하지 아니하여 여러 개의 법원의 토지관할에 관하여 의문이 있을 때에 관할을 지정하는 것을 말한다.

(2) 절차

① 관할법원의 지정은 관계 법원에 공통되는 바로 위 상급법원이 신청에 의하여 결정함으로써 한다.

② 이 결정에 대하여는 불복신청을 할 수 없다.

## 05 비송사건의 당사자능력과 비송능력

### 1. 비송사건

비송사건이란 사권관계의 형성·변경·소멸에 관하여 법원이 후견적인 입장에서 관여하는 사건을 말한다.

### 2. 당사자능력

① 당사자능력이란 비송사건의 당사자가 되기 위한 능력을 말한다.
② 자연인과 법인, 권리능력 없는 사단·재단이 당사자능력이 있다.
③ 당사자능력이 없는 자가 행한 신청이나 항고 등은 무효이다.

### 3. 비송능력

① 비송능력이란 당사자가 스스로 유효하게 비송행위를 할 수 있는 능력을 말한다.
② 민법상 제한능력자인 미성년자·피한정후견인·피성년후견인은 원칙적으로 비송능력이 없다.
③ 비송능력이 없는 자의 비송행위는 무효이다.

## 06 비송사건의 대리와 선정당사자 <sup>제4회·제8회 기출</sup>

### 1. 비송사건

비송사건이란 사권관계의 형성·변경·소멸에 관하여 법원이 후견적인 입장에서 관여하는 사건을 말한다.

### 2. 비송사건의 대리

(1) 비송대리인

비송사건의 관계인은 소송능력자로 하여금 비송행위를 대리시킬 수 있다. 따라서 비송사건에 있어서는 소송능력자이면 아무런 제한 없이 비송사건의 대리인이 될 수 있다.

(2) 비송대리가 허용되지 않는 경우

① 본인이 출석하도록 명령을 받은 때에는 소송능력자로 하여금 비송행위를 대리시킬 수 없다.

② 법원은 변호사가 아닌 자로서 대리를 영업으로 하는 자의 대리를 금하고 퇴정을 명할 수 있다.

(3) 대리권의 증명

① 비송대리인의 권한은 서면으로 증명하여야 하며, 통상 위임장에 의하여 증명한다.

② 대리권의 증명서면이 사문서인 경우에는 법원은 공증인, 그 밖의 공증업무를 보는 사람의 인증을 받도록 비송대리인에게 명할 수 있다.

(4) 대리행위의 효력

① 비송대리인이 대리권의 범위 내에서 한 비송행위는 직접 본인에게 효력이 미친다.

② 비송대리인으로서 비송행위를 한 자가 무권대리인인 경우에는 그 대리행위는 무효이다. 따라서 무권대리인이 비송사건을 신청한 경우에 법원은 이를 부적법한 것으로 각하하여야 한다.

③ 그러나 법원이 이를 간과하고 재판을 한 경우에는 그 재판은 당연무효가 되는 것이 아니라 그 재판에 의하여 권리를 침해당한 자가 항고할 수 있을 뿐이다.

### 3. 선정당사자

① 선정당사자란 공동의 이해관계를 가진 여러 사람이 그 가운데에서 모두를 위하여 당사자가 될 한 사람 또는 여러 사람을 선정한 경우에 당사자로 선정된 사람을 말한다.

② 비송사건에서는 선정당사자가 허용되지 않는다.

## 07 비송사건절차의 개시 유형 제9회 기출

## 1. 서설

① 비송사건이란 사권관계의 형성·변경·소멸에 관하여 법원이 후견적인 입장에서 관여하는 사건을 말한다.

② 비송사건절차는 당사자의 신청에 의하여 개시되는 신청사건, 검사의 청구에 의하여 개시되는 검사청구사건, 직권으로 개시되는 직권사건이 있다.

## 2. 개시 유형

### (1) 신청사건

① 신청사건은 당사자의 신청에 의해서만 절차가 개시되는 사건으로 비송사건의 대부분은 신청에 의하여 개시된다.

② 신청사건은 절차의 대상도 신청에 의하여 정해지고, 신청의 취하가 허용된다.

### (2) 검사청구사건

① 검사청구사건은 신청사건이나 직권사건 이외에 검사의 청구에 의하여 절차가 개시되는 사건을 말하며, 검사청구사건은 공익에 미치는 영향이 크기 때문에 검사가 이해관계인이 아닌 공익의 대표자로서 관여하는 것이다.

② 비송사건절차법은 "법원, 그 밖의 관청, 검사와 공무원은 그 직무상 검사의 청구에 의하여 재판을 하여야 할 경우가 발생한 것을 알았을 때에는 그 사실을 관할법원에 대응한 검찰청 검사에게 통지하여야 한다."라고 규정하고 있다.

### (3) 직권사건

직권사건은 당사자의 신청이 없더라도 법원이 일정한 처분을 하거나, 절차를 개시할 수 있는 사건을 말하며, 그 대표적인 것이 과태료 사건이다.

## ⑧ 비송사건절차의 중단 및 기간

### 1. 비송사건

비송사건이란 사권관계의 형성·변경·소멸에 관하여 법원이 후견적인 입장에서 관여하는 사건을 말한다.

### 2. 절차의 중단

① 비송사건절차는 직권으로 그 절차가 진행되는 것이므로 당사자의 사망, 능력의 상실, 파산, 법정대리인의 사망 또는 대리권의 소멸과 같은 사실이 발생한 경우라도 절차의 중단은 없다.

② 비송사건절차에 있어서는 절차의 중단이 없으므로 절차의 승계라는 문제는 발생하지 않는다.

### 3. 기간

① 기간이란 비송사건에 있어서 비송행위를 하는 데 정해진 시간을 말한다.

② 기간에는 즉시항고기간과 같이 그 기간이 도과하면 유효한 행위를 할 수 없는 것과 등기기간과 같이 그 기간이 도과하여도 유효한 행위를 할 수는 있으나 불이익을 받는 것이 있다.

## ⑨ 비송사건의 기일 <sup>제10회 기출</sup>

### 1. 비송사건

비송사건이란 사권관계의 형성·변경·소멸에 관하여 법원이 후견적인 입장에서 관여하는 사건을 말한다.

### 2. 기일

**(1) 의의**

기일이란 비송사건절차에 관하여 법원, 당사자 또는 그 밖의 관계인이 일정한 장소에 회합하여 비송행위를 하기 위해 정해지는 시간을 말한다.

**(2) 종류**

① 비송사건의 기일에는 심문기일과 증거조사기일이 있다.

② 기일의 지정·변경·연기·속행은 모두 법원의 직권으로 행해진다.

**(3) 검사에 대한 심문기일의 통지**

① 사건 및 그에 관한 심문의 기일은 검사에게 통지하여야 한다.

② 검사는 공익의 대표자로 비송사건에 관하여 의견을 진술하고 심문에 참여할 수 있도록 그 기회를 주기 위한 것이다.

③ 법원의 통지에 대하여 검사의 의견진술 및 심문참여의 권한 행사는 검사의 재량이며, 공익상 필요하다고 인정하는 경우에만 그 권한을 행사하게 될 것이다.

**(4) 검사가 참여할 수 없는 사건**

법인 및 회사 청산의 경우 감정인의 선임사건, 재판상 대위에 관한 사건, 보존·공탁·보관과 감정에 관한 사건, 사채에 관한 사건에는 검사가 참여할 수 없다.

## ⑩ 비송사건의 심리 제1회·제7회 기출

### 1. 비송사건

비송사건이란 사권관계의 형성·변경·소멸에 관하여 법원이 후견적인 입장에서 관여하는 사건을 말한다.

### 2. 심리방법

(1) 심문

① 비송사건의 재판은 결정으로써 하고, 그 심리에는 변론을 요하지 않으며 일반적으로 심문의 방법에 의하여 심리한다.

② 심문이란 법원이 당사자, 이해관계인 등에게 서면 또는 구술로 진술할 기회를 부여하는 것을 말하며, 비송사건에서 심문은 임의적이 원칙이다.

(2) 직권주의

비송사건절차의 진행에 관하여도 직권주의가 지배하며, 신청사건이든 직권사건이든 일단 절차가 개시된 후에는 법원은 직권으로 그 절차를 진행한다.

(3) 직권탐지주의

법원은 직권으로 사실의 탐지와 필요하다고 인정하는 증거의 조사를 하여야 한다.

(4) 비공개주의

비송사건의 심문은 원칙적으로 공개하지 아니한다. 그러나 재판상의 대위에 관한 사건은 다른 비송사건과는 달리 쟁송의 성격을 가지고 있기 때문에 공개한다.

(5) 간이주의

법원사무관등은 증인 또는 감정인의 심문에 관하여는 조서를 작성하고, 기타의 심문에 관하여는 필요하다고 인정하는 경우에 한하여 조서를 작성한다.

### 3. 사실인정의 방법

(1) 사실의 탐지

① 사실의 탐지는 자료를 수집하고 사실을 인정하는 방법 중 증거조사를 제외한 것을 말한다.

② 사실의 탐지는 특정한 방식도 없고 강제력도 인정되지 않는다.

(2) 증거조사

① 비송사건에서의 증거조사 방법에는 증인신문과 감정이 있다.

② 증거조사는 일정한 방식에 따른 것으로 강제력이 인정된다.

(3) 사실의 탐지 및 증거조사의 촉탁

사실의 탐지 및 증거조사를 다른 지방법원 판사에게 촉탁할 수 있다.

(4) 입증책임

비송사건에서는 입증책임이 없다.

## (11) 비송사건절차의 종료 사유 <sup>제2회 기출</sup>

### 1. 비송사건

비송사건이란 사권관계의 형성·변경·소멸에 관하여 법원이 후견적인 입장에서 관여하는 사건을 말한다.

### 2. 종료 사유(재취사)

(1) 종국재판

① 비송사건절차는 법원의 종국재판에 의하여 종료된다.

② 종국재판이 고지되어 그 재판이 즉시항고가 허용되는 사건인 경우에는 그 재판의 확정에 의하여 절차가 종료되며, 즉시항고가 허용되지 않는 사건인 경우에는 그 재판의 고지와 동시에 절차가 종료된다.

(2) 신청의 취하

① 당사자의 신청에 의해서만 절차가 개시되는 신청사건의 경우에는 신청인의 취하에 의하여 절차가 종료되며, 비송사건의 신청도 재판이 있을 때까지는 자유로이 취하할 수 있다.

② 신청의 취하가 허용되기 위해서는 그 신청이 신청인의 의무에 속하거나 법원이 직권으로 개시할 수 있는 경우가 아니어야 한다.

(3) 당사자의 사망

① 당사자의 사망으로 비송사건절차가 종료되는 경우가 있다.

② 신청사건의 신청인이 사망한 경우 그 당사자가 당해 재판에서 추구하는 권리가 상속의 대상이라면 상속인이 그 절차를 승계하나, 그 권리가 상속의 대상이 되지 않는 것이라면 비송사건절차는 종료한다.

## ⑫ 비송사건절차의 비용 <sub>제6회 기출</sub>

### 1. 의의

절차의 비용이란 당해 비송사건의 개시부터 종료에 이르기까지 투입된 모든 비용으로 재판 전의 절차와 재판의 고지비용을 말한다.

### 2. 비용의 부담

(1) 원칙

① 당사자가 신청한 사건의 재판 전의 절차와 재판의 고지비용은 특히 그 부담할 자를 정한 경우를 제외하고는 사건 신청인의 부담으로 한다.

② 검사가 신청을 한 경우에는 국고의 부담으로 한다.

③ 법원이 직권으로 개시한 사건의 경우에는 국고의 부담으로 한다.

(2) 법률에 특별한 규정이 있는 경우

① 재판상 대위에 관한 사건에서 항고절차의 비용과 항고인이 부담하게 된 전심의 비용에 대하여는 신청인과 항고인을 당사자로 보고 불리한 재판을 받은 자가 부담한다.

② 공탁소의 지정 및 공탁물보관인의 선임을 한 경우에 그 절차의 비용은 채권자가 부담한다.

③ 공탁물의 경매를 허가한 경우에 그 절차의 비용은 채권자의 부담으로 한다.

④ 법원이 질물에 의한 변제충당 신청을 허가한 경우에 그 절차의 비용은 질권설정자의 부담으로 한다.

⑤ 환매권대위행사시의 감정인을 선임한 경우에 그 절차의 비용은 매수인의 부담으로 한다.

⑥ 회사의 해산명령 사건에서 관리인의 선임 기타 회사재산의 보전에 필요한 재판을 한 경우에 재판 전의 절차와 재판의 고지비용은 회사의 부담으로 한다.

⑦ 과태료의 재판절차의 비용은 과태료에 부과하는 선고가 있는 경우에는 그 선고를 받은 자의 부담으로 하고, 그 외의 경우에는 국고의 부담으로 한다.

(3) 재판에 의하여 특별히 비용부담자가 정해지는 경우

법원은 특별한 사유가 있을 때에는 비용을 부담할 자가 아닌 관계인에게 비용의 전부 또는 일부의 부담을 명할 수 있다.

(4) 공동부담

비용을 부담할 자가 여럿인 경우에는 비용을 균등하게 부담한다. 다만, 법원은 사정에 따라 공동부담자에게 비용을 연대하여 부담하게 하거나 다른 방법으로 부담하게 할 수 있다.

⑸ 국고에 의한 비용의 체당

직권으로 하는 탐지, 사실조사, 소환, 고지, 그 밖에 필요한 처분의 비용은 국고에서 체당하여야 한다.

## 3. 비용액의 재판

비용에 관하여 재판을 할 필요가 있다고 인정할 때에는 그 금액을 확정하여 사건의 재판과 함께 하여야 한다.

## 4. 비용재판에 대한 불복신청

① 비용의 재판에 대하여는 그 부담의 명령을 받은 자에 한하여 불복신청을 할 수 있다.
② 비용의 재판에 대하여는 독립하여 불복을 신청할 수 없고 사건의 재판에 대한 항고와 동시에 하여야 한다.
③ 본안재판에 대한 불복이 금지되는 경우에는 비용의 재판에 대하여도 불복신청을 할 수 없다.

## 5. 비용재판의 집행

① 비용의 채권자는 비용의 재판에 의하여 강제집행을 할 수 있다.
② 집행개시의 요건으로 집행을 하기 전에 재판서의 송달은 하지 아니한다.

## ⑬ 비송사건의 재판의 방식과 고지 <sup>제4회 기출</sup>

### 1. 비송사건

비송사건이란 사권관계의 형성·변경·소멸에 관하여 법원이 후견적인 입장에서 관여하는 사건을 말한다.

### 2. 재판의 방식

① 비송사건의 재판은 결정으로써 한다.

② 재판서에는 재판의 취지를 명기하여야 하나, 법률에 특별한 규정이 없는 한 반드시 이유의 기재를 요하는 것이 아니다.

③ 재판의 원본에는 판사가 서명날인하여야 한다. 다만, 신청서 또는 조서에 재판에 관한 사항을 적고 판사가 이에 서명날인함으로써 원본을 갈음할 수 있다. 또한, 서명날인은 기명날인으로 갈음할 수 있다.

### 3. 재판의 고지

(1) 고지의 방법

① 재판은 이를 받은 자에게 고지함으로써 효력이 생기므로 고지를 하여야 한다.

② 비송사건절차법은 "재판의 고지는 법원이 적당하다고 인정하는 방법으로 한다."고 규정하여 고지방식자유를 원칙으로 하고 있다.

③ 고지받을 자의 주소나 거소의 불명 등으로 인하여 통상의 방법으로 고지할 수 없을 때에는 민사소송법의 규정에 의한 공시송달의 방법에 의한다.

(2) 고지의 상대방

① 재판의 고지는 재판을 받은 자에게 한다.

② 재판을 받은 자는 재판에 의하여 자기의 법률관계에 직접 영향을 받는 자를 말하며, 반드시 신청인과 일치하는 것은 아니다.

## ⑭ 비송사건의 재판의 효력 <sup>제6회 기출</sup>

### 1. 비송사건

비송사건이란 사권관계의 형성·변경·소멸에 관하여 법원이 후견적인 입장에서 관여하는 사건을 말한다.

### 2. 재판의 형식

비송사건의 재판은 결정으로써 한다.

### 3. 재판의 효력

(1) 효력발생시기

　① 재판은 이를 받은 자에게 고지함으로써 효력이 생긴다.

　② 따라서 즉시항고가 허용되는 재판도 그 확정을 기다리지 않고 고지와 동시에 그 효력이 발생한다.

(2) 형성력

　① 비송사건은 사권관계의 형성을 목적으로 하는 것이므로 재판의 목적이 된 사권관계는 그 재판의 취지에 따라 변동한다.

　② 재판의 형성력은 재판을 받은 자는 물론이고 제3자에게도 미친다.

(3) 집행력

　① 비송사건의 재판은 그 집행을 필요로 하지 않는 것이 보통이므로 재판의 집행력이 문제되지 않는다.

　② 그러나 절차비용을 명하는 재판이나 과태료의 재판과 같이 관계인에 대하여 급부를 명하는 것일 때에는 집행력을 가진다.

(4) 확정력

　① 비송사건의 재판에 대한 불복신청은 그 제기에 기간의 정함이 없는 보통항고가 원칙이므로 원칙적으로 확정력이 없다.

　② 그러나 즉시항고에 의하여 불복신청이 허용되는 재판에 대하여 불복신청이 없이 항고기간을 도과한 때에는 더 이상 불복신청을 할 수 없게 되어 형식적 확정력이 생긴다.

## ⑮ 비송사건재판의 취소 · 변경 <sup>제5회 기출</sup>

### 1. 의의

재판의 취소 · 변경이란 비송사건에 관하여 재판을 한 후에 그 재판이 위법 또는 부당하다고 인정할 때에나 객관적 사정이 변경되어 합당했던 재판이 부당하게 되는 경우에 법원이 그 재판을 취소하거나 변경하는 것을 말한다.

### 2. 비송사건절차법에 의한 취소 · 변경

(1) 취소 · 변경 자유의 원칙

① 법원은 재판을 한 후에 그 재판이 위법 또는 부당하다고 인정할 때에는 이를 취소하거나 변경할 수 있다.

② 취소 · 변경에는 신청을 요하지 아니하고, 취소 · 변경은 법원의 직권으로 한다.

③ 취소 · 변경을 할 수 있는 법원은 원재판을 한 제1심법원에 한하고, 항고법원은 취소 · 변경의 권한이 없다.

(2) 취소 · 변경 자유의 제한(각즉)

① 신청에 의하여만 재판을 하여야 하는 경우에 신청을 각하한 재판은 신청에 의하지 아니하고는 취소하거나 변경할 수 없다.

② 즉시항고로써 불복할 수 있는 재판은 취소하거나 변경할 수 없다.

### 3. 사정변경에 의한 취소 · 변경

(1) 의의

사정변경에 의한 취소 · 변경이란 비송사건의 재판이 원래는 적법 · 타당한 것이었다 하더라도 후에 사정변경이 있어 원래의 재판을 유지하는 것이 부당하게 되는 경우에 법원이 이를 취소하거나 변경하는 것을 말한다.

(2) 적용대상

사정변경에 의한 취소 · 변경이 논의될 수 있는 것은 법원이 일정한 법률관계를 형성하였고 그것이 사정변경으로 인하여 부당하게 된 경우이며 그 성질상 계속적 법률관계에 한하여 적용된다.

### 4. 원재판의 경정(재도의 고안)

항고가 제기된 경우에 원심법원은 항고가 이유 있다고 인정하는 때에는 원재판을 경정한다.

## 16 항고의 의의 및 종류 <sup>제3회·제11회 기출</sup>

### 1. 항고의 의의

항고는 상급법원에 대하여 하급법원의 재판의 취소·변경을 구하는 불복신청이다.

### 2. 항고의 종류(보즉재특)

**(1) 보통항고**

① 보통항고는 그 제기에 기간의 정함이 없는 항고로서 항고의 이익이 있는 한 언제든지 제기할 수 있다.

② 비송사건에서의 항고는 보통항고가 원칙이다.

**(2) 즉시항고**

① 즉시항고는 그 제기에 기간의 정함이 있는 항고로서 재판의 고지가 있는 날로부터 1주일 이내에 하여야 한다.

② 즉시항고는 법률에 즉시항고를 할 수 있다는 명문의 규정이 있어야만 제기할 수 있다.

**(3) 재항고**

① 재항고는 항고법원의 결정에 대한 항고이다.

② 재항고는 재판에 영향을 미친 헌법·법률·명령 또는 규칙의 위반이 있음을 이유로 하는 때에만 대법원에 제기할 수 있다.

**(4) 특별항고**

① 특별항고는 불복할 수 없는 결정에 대하여 재판에 영향을 미친 헌법 위반이 있거나, 재판의 전제가 된 명령·규칙·처분의 헌법 또는 법률의 위반 여부에 대한 판단이 부당하다는 것을 이유로 하는 때에만 대법원에 제기하는 항고이다.

② 특별항고는 재판이 고지된 날부터 1주일 이내에 하여야 한다.

## ⑰ 항고기간과 항고제기의 효과 <sub>제8회·제11회 기출</sub>

### 1. 항고

① 항고는 상급법원에 대하여 하급법원의 재판의 취소·변경을 구하는 불복신청이다.
② 제1심 법원 재판에 불복하는 항고에는 보통항고와 즉시항고가 있다.

### 2. 항고기간

(1) 보통항고

보통항고에는 기간의 제한이 없으며, 재판의 취소·변경을 구할 이익이 있으면 언제든지 할 수 있다.

(2) 즉시항고

즉시항고는 재판이 고지가 있은 날로부터 1주일 이내에 하여야 한다.

### 3. 항고제기의 효과(확이집)

(1) 확정차단의 효력

① 보통항고: 보통항고로써 불복을 신청하는 재판은 확정력이 없으므로 그 차단이라는 문제도 발생하지 않는다.
② 즉시항고: 즉시항고를 허용하는 재판에서는 즉시항고의 제기에 의하여 원재판의 확정을 차단하는 효력이 발생한다.

(2) 이심의 효력

원심법원에 항고가 제기되면 원재판의 대상이었던 사건은 항고법원에 이심된다.

(3) 집행정지의 효력

항고는 특별한 규정이 있는 경우를 제외하고는 집행정지의 효력이 없다.

## ⑱ 항고가 제기된 경우에 원심법원의 처리절차

### 1. 항고의 의의

항고는 상급법원에 대하여 하급법원의 재판의 취소·변경을 구하는 불복신청이다.

### 2. 항고제기의 방식

① 항고는 직근 상급법원에 서면 또는 말로 할 수 있다.
② 항고장은 원심법원에 제출하여야 한다.

### 3. 원심법원의 처리절차(심보경송집)

#### (1) 항고장 심사

항고장이 원심법원에 제출되면 원심법원은 항고장에 당사자의 표시, 법정대리인이 있는 경우에 그 표시, 원재판과 이에 대하여 항고한다는 취지의 표시가 있는지와 인지가 첨부되어 있는지 등에 대하여 심사를 하여야 한다.

#### (2) 보정명령

심사결과 흠결이 있으면 항고인에게 상당한 기간을 정하여 그 기간 내에 흠결의 보정을 명하고, 그 기간 내에 흠결을 보정하지 않거나 항고기간을 도과한 것이 명백한 때에는 원심재판장은 명령으로 항고장을 각하한다.

#### (3) 원재판의 경정(재도의 고안)

원심법원은 항고가 이유 있다고 인정하는 때에는 원재판을 경정한다.

#### (4) 사건의 송부

원심법원은 항고가 이유 없다고 인정하는 때에는 의견서를 첨부하여 사건을 항고법원에 송부한다.

#### (5) 집행정지명령

항고는 원칙적으로 집행정지의 효력이 없으나, 원심법원은 항고에 대한 결정이 있을 때까지 원재판의 집행을 정지하거나 기타 필요한 처분을 할 수 있다.

# 민사비송사건

## 02 Chapter

## 01 재단법인의 정관보충사건

### 1. 서설

① 재단법인은 설립자가 일정한 재산을 출연하고 정관을 작성하여 주무관청의 허가를 받은 후 설립등기를 함으로써 성립한다.

② 재단법인의 설립자가 정관의 필요적 기재사항 중 목적과 자산에 관한 규정을 정하고, 그 명칭, 사무소 소재지 또는 이사 임면의 방법을 정하지 아니하고 사망한 때에는 이해관계인 또는 검사의 청구에 의하여 법원이 이를 정한다.

### 2. 관할

법인설립자 사망 시 주소지의 지방법원의 관할로 한다.

### 3. 절차의 개시

이해관계인 또는 검사의 청구에 의한다.

### 4. 신청방식

신청은 일반원칙에 따라 서면 또는 말로 할 수 있다.

### 5. 심리 및 재판

(1) 심리

① 심리는 일반적으로 심문의 방법에 의하여 한다.

② 법원은 직권으로 사실의 탐지와 필요하다고 인정하는 증거의 조사를 하여야 한다.

(2) 재판

① 재판은 결정의 형식으로 한다.

② 재판은 이를 받은 자에게 고지하여야 한다.

## 6. 불복방법

불복은 보통항고의 방법으로 한다.

## 02 법인의 임시이사 선임사건

### 1. 서설

① 법인은 업무를 집행하는 자로 이사를 두어야 하며, 이사의 수에는 제한이 없고 정관으로 임의로 정할 수 있다.

② 이사가 없거나 결원이 있는 경우에 이로 인하여 손해가 생길 염려 있는 때에는 법원은 이해관계인이나 검사의 청구에 의하여 임시이사를 선임하여야 한다.

### 2. 관할

법인의 주된 사무소 소재지의 지방법원합의부의 관할로 한다.

### 3. 절차의 개시

이해관계인이나 검사의 청구에 의한다.

### 4. 신청방식

신청은 일반원칙에 따라 서면 또는 말로 할 수 있다.

### 5. 심리 및 재판

(1) 심리

① 심리는 일반적으로 심문의 방법에 의하여 한다.

② 법원은 직권으로 사실의 탐지와 필요하다고 인정하는 증거의 조사를 하여야 한다.

(2) 재판

① 재판은 결정의 형식으로 한다.

② 재판은 법원이 적당하다고 인정하는 방법으로 고지함으로써 그 효력이 생기지만, 피선임자가 이에 구속되는 것은 아니다.

## 6. 불복방법

법원의 임시이사 선임결정에 대한 불복은 보통항고의 방법으로 한다.

## 7. 임시이사의 지위

① 법원이 선임한 임시이사는 등기를 하지 못한다.

② 임시이사는 정식이사가 선임될 때까지의 일시적인 기관이고, 정식이사가 선임된 경우에는 그 권한은 소멸된다.

## 03 법인의 특별대리인 선임사건

### 1. 서설

① 법인과 이사의 이익이 상반하는 사항에 관하여는 이사는 대표권이 없으며, 이 경우에 법원은 이해관계인이나 검사의 청구에 의하여 특별대리인을 선임하여야 한다.

② 법인과 이사의 이익이 상반하는 사항에 대하여 그 이사 외에는 대표권을 가지는 이사가 없을 때 특별대리인을 선임한다.

### 2. 관할

법인의 주된 사무소 소재지의 지방법원합의부의 관할로 한다.

### 3. 절차의 개시

이해관계인이나 검사의 청구에 의한다.

### 4. 신청방식

신청은 일반원칙에 따라 서면 또는 말로 할 수 있다.

### 5. 심리 및 재판

(1) 심리

① 심리는 일반적으로 심문의 방법에 의하여 한다.

② 법원은 직권으로 사실의 탐지와 필요하다고 인정하는 증거의 조사를 하여야 한다.

(2) 재판

① 재판은 결정의 형식으로 한다.

② 재판은 이를 받은 자에게 고지하여야 한다.

## 6. 불복방법

불복은 보통항고의 방법으로 한다.


## 7. 특별대리인의 지위

① 법원이 선임한 특별대리인은 등기를 하지 못한다.

② 법원은 특별대리인을 선임하는 재판을 하는 때에는 대리할 사항을 명시하여야 하며, 특별대리인은 그 사항에 대하여만 권한을 가진다.

## ④ 법인의 임시총회소집 허가사건

### 1. 서설

① 사단법인의 이사는 통상총회는 매년 1회 이상 소집하여야 하고, 임시총회는 이사가 필요하다고 인정한 때, 총사원의 5분의 1 이상이 회의의 목적사항을 제시하여 청구한 때에 소집하여야 한다.

② 총사원의 5분의 1 이상이 회의의 목적사항을 제시하여 임시총회의 소집청구 있는 후 2주간 내에 이사가 총회소집의 절차를 밟지 아니한 때에는 청구한 사원은 법원의 허가를 얻어 이를 소집할 수 있다.

### 2. 관할

법인의 주된 사무소 소재지의 지방법원합의부의 관할로 한다.

### 3. 절차의 개시

① 이사에게 임시총회의 소집을 청구하였던 총사원의 5분의 1 이상의 신청에 의한다.

② 비송사건에서는 선정당사자가 허용되지 않으므로 선정당사자에 의한 신청은 부적법하다.

### 4. 신청방식

① 신청은 서면으로 하여야 한다.

② 신청서에는 신청인의 성명과 주소, 대리인에 의하여 신청할 때에는 그 성명과 주소, 신청의 취지와 그 원인이 되는 사실, 신청 연월일, 법원의 표시를 기재하여야 한다.

③ 신청하는 때에는 이사가 그 소집을 게을리한 사실을 소명하여야 한다.

### 5. 심리 및 재판

(1) 심리

① 심리는 일반적으로 심문의 방법에 의하여 한다.

② 법원은 직권으로 사실의 탐지와 필요하다고 인정하는 증거의 조사를 하여야 한다.

⑵ 재판

① 재판은 이유를 붙인 결정으로 한다.

② 재판은 이를 받은 자에게 고지하여야 한다.

## 6. 불복방법

신청을 인용한 재판에 대하여는 불복신청을 할 수 없다.

## ⑤ 부정한 목적으로 신탁선언에 의하여 설정된 신탁의 종료사건

### 1. 서설

위탁자가 집행의 면탈이나 그 밖의 부정한 목적으로 신탁의 목적, 신탁재산, 수익자 등을 특정하고 자신을 수탁자로 정한 신탁선언의 방법에 따라 신탁을 설정한 경우 이해관계인은 법원에 신탁의 종료를 청구할 수 있다.

### 2. 관할

수탁자의 보통재판적이 있는 곳의 지방법원이 관할한다.

### 3. 절차의 개시

이해관계인의 신청에 의한다.

### 4. 신청방식

신청은 일반원칙에 따라 서면 또는 말로 할 수 있다.

### 5. 심리 및 재판

(1) 심리

① 심리는 일반적으로 심문의 방법에 의하여 한다.
② 재판을 하는 경우 법원은 수탁자의 의견을 들어야 한다.
③ 법원은 직권으로 사실의 탐지와 필요하다고 인정하는 증거의 조사를 하여야 한다.

(2) 재판

① 재판은 이유를 붙인 결정으로써 하여야 한다.
② 재판은 수탁자와 수익자에게 고지하여야 한다.

### 6. 불복방법

① 청구를 인용하는 재판에 대하여는 수탁자 또는 수익자가 즉시항고를 할 수 있다. 이 경우 즉시항고는 집행정지의 효력이 있다.
② 청구를 기각하는 재판에 대하여는 그 청구를 한 자가 즉시항고를 할 수 있다.

## 06  수탁자의 임무가 종료된 경우 신수탁자 선임사건

### 1. 서설

수탁자의 임무가 종료된 경우 위탁자와 수익자는 합의하여 또는 위탁자가 없으면 수익자 단독으로 신수탁자를 선임할 수 있으며, 위탁자와 수익자 간에 신수탁자 선임에 대한 합의가 이루어지지 아니한 경우 이해관계인은 법원에 신수탁자의 선임을 청구할 수 있다.

### 2. 관할

전수탁자의 보통재판적이 있는 곳의 지방법원이 신탁사건을 관할한다.

### 3. 절차의 개시

이해관계인의 청구에 의한다.

### 4. 신청방식

① 신청은 일반원칙에 따라 서면 또는 말로 할 수 있다.
② 신수탁자의 선임을 청구하는 경우에는 그 사유를 소명하여야 한다.

### 5. 심리 및 재판

(1) 심리

① 심리는 일반적으로 심문의 방법에 의하여 한다.
② 법원은 직권으로 사실의 탐지와 필요하다고 인정하는 증거의 조사를 하여야 한다.

(2) 재판

① 재판은 결정으로써 하여야 한다.
② 재판은 이를 받은 자에게 고지하여야 한다.

## 6. 불복방법

재판에 대하여는 위탁자, 수익자 또는 수탁자가 여럿인 경우의 다른 수탁자가 즉시항고를 할
수 있다.

## 7. 신수탁자의 보수 결정 재판

① 법원은 선임한 신수탁자에게 필요한 경우 신탁재산에서 적당한 보수를 줄 수 있다.
② 신수탁자의 보수를 정하는 재판을 하는 경우 법원은 수익자 또는 수탁자가 여럿인 경우의
   다른 수탁자의 의견을 들어야 한다.
③ 재판에 대하여는 수익자 또는 수탁자가 여럿인 경우의 다른 수탁자가 즉시항고를 할 수
   있다.

## 07 유언에 의하여 수탁자로 지정된 자가 신탁을 인수하지 아니한 경우 신수탁자 선임사건

### 1. 서설

유언에 의하여 수탁자로 지정된 자가 신탁을 인수하지 아니하거나 인수할 수 없는 경우 이해관계인은 법원에 신수탁자의 선임을 청구할 수 있다.

### 2. 관할

유언자 사망 시 주소지의 지방법원이 관할한다.

### 3. 절차의 개시

이해관계인의 청구에 의한다.

### 4. 신청방식

① 신청은 일반원칙에 따라 서면 또는 말로 할 수 있다.
② 신수탁자의 선임을 청구하는 경우에는 그 사유를 소명하여야 한다.

### 5. 심리 및 재판

(1) 심리

① 심리는 일반적으로 심문의 방법에 의하여 한다.
② 법원은 직권으로 사실의 탐지와 필요하다고 인정하는 증거의 조사를 하여야 한다.

(2) 재판

① 재판은 결정으로써 하여야 한다.
② 재판은 이를 받은 자에게 고지하여야 한다.

## 6. 불복방법

재판에 대하여는 불복신청을 할 수 없다.

## 7. 신수탁자의 보수 결정 재판

① 법원은 선임한 신수탁자에게 필요한 경우 신탁재산에서 적당한 보수를 줄 수 있다.

② 신수탁자의 보수를 정하는 재판을 하는 경우 법원은 수익자 또는 수탁자가 여럿인 경우의 다른 수탁자의 의견을 들어야 한다.

③ 재판에 대하여는 수익자 또는 수탁자가 여럿인 경우의 다른 수탁자가 즉시항고를 할 수 있다.

## 08 신탁재산의 첨부로 인한 귀속의 결정사건

### 1. 서설

① 신탁재산을 가공한 때에는 그 물건의 소유권은 원재료의 소유자에게 속한다. 그러나 가공으로 인한 가액의 증가가 원재료의 가액보다 현저히 다액인 때에는 가공자의 소유로 한다.

② 다만, 가공자가 악의인 경우에는 가공으로 인한 가액의 증가가 원재료의 가액보다 많을 때에도 법원은 가공으로 인하여 생긴 물건을 원재료 소유자에게 귀속시킬 수 있다.

### 2. 관할

수탁자의 보통재판적이 있는 곳의 지방법원이 관할한다.

### 3. 절차의 개시

위탁자, 수탁자 또는 수익자가 신청할 수 있다.

### 4. 신청방식

신청은 일반원칙에 따라 서면 또는 말로 할 수 있다.

### 5. 심리 및 재판

(1) 심리

① 심리는 일반적으로 심문의 방법에 의하여 한다.

② 재판을 하는 경우 법원은 위탁자, 수탁자 및 수익자의 의견을 들어야 한다.

③ 법원은 직권으로 사실의 탐지와 필요하다고 인정하는 증거의 조사를 하여야 한다.

(2) 재판

① 재판은 이유를 붙인 결정으로써 하여야 한다.

② 재판은 이를 받은 자에게 고지하여야 한다.

### 6. 불복방법

재판에 대하여는 위탁자, 수익자 또는 수탁자가 즉시항고를 할 수 있다. 이 경우 수탁자가 여럿일 때에는 수탁자 각자가 즉시항고를 할 수 있다.

## 09 신탁의 변경사건

### 1. 서설

① 신탁은 위탁자, 수탁자 및 수익자의 합의로 변경할 수 있다.

② 신탁행위 당시에 예견하지 못한 특별한 사정이 발생한 경우 위탁자, 수익자 또는 수탁자는 신탁의 변경을 법원에 청구할 수 있다.

③ 목적신탁에서 수익자의 이익을 위한 신탁으로, 수익자의 이익을 위한 신탁에서 목적신탁으로 변경할 수 없다.

### 2. 관할

수탁자의 보통재판적이 있는 곳의 지방법원이 관할한다.

### 3. 절차의 개시

위탁자, 수익자 또는 수탁자의 신청에 의한다.

### 4. 신청방식

신탁변경의 신청은 서면으로 하여야 한다.

### 5. 심리 및 재판

(1) 심리

① 심리는 일반적으로 심문의 방법에 의하여 한다.

② 재판을 하는 경우 법원은 위탁자, 수탁자 및 수익자의 의견을 들어야 한다.

③ 법원은 직권으로 사실의 탐지와 필요하다고 인정하는 증거의 조사를 하여야 한다.

(2) 재판

① 재판은 이유를 붙인 결정으로써 하여야 한다.

② 재판은 이를 받은 자에게 고지하여야 한다.

### 6. 불복방법

재판에 대하여는 위탁자, 수탁자 또는 수익자가 즉시항고를 할 수 있다. 이 경우 즉시항고는 집행정지의 효력이 있다.

## ⑩ 사정변경에 의한 신탁의 종료사건

### 1. 서설

신탁행위 당시에 예측하지 못한 특별한 사정으로 신탁을 종료하는 것이 수익자의 이익에 적합함이 명백한 경우에는 위탁자, 수탁자 또는 수익자는 법원에 신탁의 종료를 청구할 수 있다.

### 2. 관할

수탁자의 보통재판적이 있는 곳의 지방법원이 관할한다.

### 3. 절차의 개시

위탁자, 수탁자 또는 수익자의 신청에 의한다.

### 4. 신청방식

신청은 일반원칙에 따라 서면 또는 말로 할 수 있다.

### 5. 심리 및 재판

(1) 심리
① 심리는 일반적으로 심문의 방법에 의하여 한다.
② 재판을 하는 경우 법원은 위탁자, 수탁자 및 수익자의 의견을 들어야 한다.
③ 법원은 직권으로 사실의 탐지와 필요하다고 인정하는 증거의 조사를 하여야 한다.

(2) 재판
① 재판은 이유를 붙인 결정으로써 하여야 한다.
② 재판은 이를 받은 자에게 고지하여야 한다.

### 6. 불복방법

재판에 대하여는 위탁자, 수탁자 또는 수익자가 즉시항고를 할 수 있다. 이 경우 즉시항고는 집행정지의 효력이 있다.

## ⑪ 재판상의 대위에 관한 사건 <sup>제1회 기출</sup>

### 1. 서설

① 채권자대위권이란 채권자가 자기의 채권을 보전하기 위하여 채무자의 권리를 행사하는 것을 말하며, 채권자대위권은 그 채권의 기한이 도래하기 전에는 행사할 수 없는 것이 원칙이다.

② 채권자가 그 채권의 기한이 도래하기 전에 법원의 허가를 얻어 채무자의 권리를 행사할 수 있는데 이를 재판상 대위라고 한다.

③ 채권자는 자기의 채권의 기한 전에 채무자의 권리를 행사하지 아니하면 그 채권을 보전할 수 없거나 이를 보전함에 곤란이 생길 우려가 있는 때에는 재판상의 대위를 신청할 수 있다.

### 2. 관할

재판상의 대위는 채무자의 보통재판적이 있는 곳의 지방법원의 관할로 한다.

### 3. 절차의 개시

채권자의 신청에 의한다.

### 4. 신청방식

① 신청은 일반원칙에 따라 서면 또는 말로 할 수 있다.

② 신청서에는 신청인의 성명과 주소, 대리인에 의하여 신청할 때에는 그 성명과 주소, 신청의 취지와 그 원인이 되는 사실, 신청 연월일, 법원의 표시, 채무자와 제3채무자의 성명과 주소, 신청인이 보전하고자 하는 채권과 그 행사하고자 하는 권리의 표시를 기재하여야 한다.

### 5. 심리 및 재판

(I) 심리

① 심리는 일반적으로 심문의 방법에 의하여 한다.

② 심문은 공개한다.

③ 검사는 사건에 관하여 의견을 진술하거나 심문에 참여할 수 없다.

④ 법원은 직권으로 사실의 탐지와 필요하다고 인정하는 증거의 조사를 하여야 한다.

**(2) 재판**

① 재판은 결정의 형식으로 한다.

② 대위의 신청을 허가한 재판은 직권으로 채무자에게 고지하여야 하며, 고지를 받은 채무자는 그 권리의 처분을 할 수 없다.

## 6. 불복방법

① 대위의 신청을 각하한 재판에 대하여는 채권자는 즉시항고를 할 수 있다.

② 대위의 신청을 허가한 재판에 대하여는 채무자는 즉시항고를 할 수 있다.

③ 항고의 기간은 채무자가 재판의 고지를 받은 날부터 기산한다.

## 7. 비용의 부담

신청을 허가한 재판에 대하여 채무자가 즉시항고를 하는 경우에 항고절차의 비용과 항고인이 부담하게 된 전심의 비용에 대하여는 신청인과 항고인을 당사자로 보고 채무자의 항고가 이유 있으면 그 비용은 신청인이 부담하고, 이유 없으면 채무자가 부담한다.

## ⑫ 공탁소의 지정 및 공탁물보관인의 선임사건

### 1. 서설

① 변제공탁이란 채권자가 변제를 받지 아니하거나 받을 수 없는 때 또는 변제자가 과실 없이 채권자를 알 수 없는 때에 변제자가 채권자를 위하여 변제의 목적물을 공탁하여 그 채무를 면하는 것을 말한다.

② 변제공탁은 채무이행지의 공탁소에 하여야 한다. 그러나 법정의 공탁소가 없거나 공탁소가 있더라도 보관능력이 없는 경우에는 법원은 변제자의 청구에 의하여 공탁소를 지정하고 공탁물보관자를 선임하여야 한다.

### 2. 관할

채무이행지의 지방법원을 관할법원으로 한다.

### 3. 절차의 개시

변제자의 신청에 의한다.

### 4. 신청방식

신청은 일반원칙에 따라 서면 또는 말로 할 수 있다.

### 5. 심리 및 재판

(1) 심리

① 심리는 일반적으로 심문의 방법에 의하여 한다.

② 재판을 하기 전에 채권자와 변제자를 심문하여야 한다.

③ 검사는 사건에 관하여 의견을 진술하거나 심문에 참여할 수 없다.

④ 법원은 직권으로 사실의 탐지와 필요하다고 인정하는 증거의 조사를 하여야 한다.

(2) 재판

① 재판은 결정의 형식으로 한다.

② 재판은 이를 받은 자에게 고지하여야 한다.

## 6. 불복방법

공탁소의 지정 및 공탁물보관인의 선임의 재판에 대하여는 불복신청을 할 수 없다.

## 7. 비용의 부담

공탁소의 지정 및 공탁물보관인의 선임을 한 경우에 그 절차의 비용은 채권자의 부담으로
한다.

## ⑬ 공탁물의 경매허가사건

### 1. 서설

변제의 목적물이 공탁에 적당하지 아니하거나 멸실 또는 훼손될 염려가 있거나 공탁에 과다한 비용을 요하는 경우에는 변제자는 법원의 허가를 얻어 그 물건을 경매하거나 시가로 방매하여 대금을 공탁할 수 있다.

### 2. 관할

채무이행지의 지방법원을 관할법원으로 한다.

### 3. 절차의 개시

변제자의 신청에 의한다.

### 4. 신청방식

신청은 일반원칙에 따라 서면 또는 말로 할 수 있다.

### 5. 심리 및 재판

(1) 심리

① 심리는 일반적으로 심문의 방법에 의하여 한다.
② 재판을 하기 전에 채권자와 변제자를 심문하여야 한다.
③ 검사는 사건에 관하여 의견을 진술하거나 심문에 참여할 수 없다.
④ 법원은 직권으로 사실의 탐지와 필요하다고 인정하는 증거의 조사를 하여야 한다.

(2) 재판

① 재판은 결정의 형식으로 한다.
② 재판은 이를 받은 자에게 고지하여야 한다.

### 6. 불복방법

공탁물의 경매를 허가한 재판에 대하여는 불복신청을 할 수 없다.

### 7. 비용의 부담

공탁물의 경매를 허가한 경우에 그 절차의 비용은 채권자의 부담으로 한다.

## ⑭ 질물에 의한 변제충당의 허가사건

### 1. 서설

질권자는 채권의 변제를 받기 위하여 질물을 경매할 수 있으며, 정당한 이유있는 때에는 감정인의 평가에 의하여 질물로 직접변제에 충당할 것을 법원에 청구할 수 있다.

### 2. 관할

채무이행지의 지방법원을 관할법원으로 한다.

### 3. 절차의 개시

① 질권자의 신청에 의한다.
② 질권자는 미리 채무자 및 질권설정자에게 통지하여야 한다.

### 4. 신청방식

신청은 일반원칙에 따라 서면 또는 말로 할 수 있다.

### 5. 심리 및 재판

(1) 심리

① 심리는 일반적으로 심문의 방법에 의하여 한다.
② 재판을 하기 전에 질권자와 질권설정자를 심문하여야 한다.
③ 검사는 사건에 관하여 의견을 진술하거나 심문에 참여할 수 없다.
④ 법원은 직권으로 사실의 탐지와 필요하다고 인정하는 증거의 조사를 하여야 한다.

(2) 재판

① 재판은 결정의 형식으로 한다.
② 재판은 이를 받은 자에게 고지하여야 한다.

### 6. 불복방법

질권자의 질물에 의한 변제충당을 허가한 재판에 대하여는 불복신청을 할 수 없다.

### 7. 비용의 부담

신청을 허가한 경우에 그 절차의 비용은 질권설정자의 부담으로 한다.

## ⑮ 환매권대위행사시 감정인의 선임사건

### 1. 서설

① 환매란 매매계약과 동시에 특약으로 매도인이 환매할 권리(환매권)를 유보한 경우에 그 환매권을 일정한 기간 내에 행사하여 매매의 목적물을 다시 매수하는 것을 말한다.

② 매도인의 채권자가 매도인을 대위하여 환매하고자 하는 때에는 매수인은 법원이 선정한 감정인의 평가액에서 매도인이 반환할 금액을 공제한 잔액으로 매도인의 채무를 변제하고 잉여액이 있으면 이를 매도인에게 지급하여 환매권을 소멸시킬 수 있다.

### 2. 관할

감정인의 선임·소환과 심문은 물건소재지의 지방법원의 관할로 한다.

### 3. 절차의 개시

매수인이 신청한다.

### 4. 신청방식

신청은 일반원칙에 따라 서면 또는 말로 할 수 있다.

### 5. 심리 및 재판

(1) 심리

① 심리는 일반적으로 심문의 방법에 의하여 한다.

② 검사는 사건에 관하여 의견을 진술하거나 심문에 참여할 수 없다.

③ 법원은 직권으로 사실의 탐지와 필요하다고 인정하는 증거의 조사를 하여야 한다.

(2) 재판

① 재판은 결정의 형식으로 한다.

② 재판은 이를 받은 자에게 고지하여야 한다.

## 6. 불복방법

감정인을 선임한 재판에 대하여는 불복신청을 할 수 없다.

## 7. 비용의 부담

감정인을 선임하는 재판을 한 경우에는 그 선임비용과 감정을 위한 소환 및 심문비용은 매수인의 부담으로 한다.

# Chapter 03 상사비송사건

## ① 주식회사 발기설립에 있어서의 검사인 선임사건

### 1. 서설

① 주식회사의 발기설립이란 발기인만이 주식의 전부를 인수하여 주식회사를 설립하는 것을 말한다.
② 주식회사를 설립하는 경우에 이사와 감사는 취임 후 지체 없이 회사의 설립에 관한 모든 사항이 법령 또는 정관의 규정에 위반 여부를 조사하여 발기인에게 보고하여야 한다.
③ 정관으로 변태설립사항을 정한 때에는 이사는 이에 관한 조사를 하게 하기 위하여 검사인의 선임을 법원에 청구할 수 있다.

### 2. 관할

회사의 본점 소재지의 지방법원합의부의 관할로 한다.

### 3. 절차의 개시

이사의 신청에 의한다.

### 4. 신청방식

① 검사인의 선임신청은 서면으로 하여야 한다.
② 신청서에는 신청의 사유, 검사의 목적, 연월일, 법원의 표시를 기재하여야 한다.

### 5. 심리 및 재판

(1) 심리
① 심리는 일반적으로 심문의 방법에 의하여 한다.
② 법원은 직권으로 사실의 탐지와 필요하다고 인정하는 증거의 조사를 하여야 한다.

(2) 재판

① 재판은 결정의 형식으로 한다.

② 재판은 이를 받은 자에게 고지하여야 한다.

## 6. 불복방법

재판에 대한 불복은 보통항고의 방법으로 한다.

## 7. 보수지급

법원이 검사인을 선임한 경우에는 회사로 하여금 이에 보수를 지급하게 할 수 있고, 이 경우 그 보수액은 이사와 감사의 의견을 들어 법원이 정한다. 그리고 이 재판에 대하여는 즉시항고를 할 수 있다.

## 8. 검사인의 조사보고서 제출

검사인은 변태설립사항에 대하여 조사를 하고 그 결과를 법원에 보고하여야 한다.

## 9. 변태설립사항 변경의 재판

법원은 검사인의 조사보고서와 발기인의 설명서를 심사하여 변태설립사항을 부당하고 인정한 때에는 이를 변경하여 각 발기인에게 통고할 수 있다.

## ⑫ 주식회사의 업무와 재산상태의 검사를 위한 검사인 선임사건

### 1. 서설

회사의 업무집행에 관하여 부정행위 또는 법령이나 정관에 위반한 중대한 사실이 있음을 의심할 사유가 있는 때에는 발행주식의 총수의 100분의 3 이상에 해당하는 주식을 가진 주주는 회사의 업무와 재산상태를 조사하게 하기 위하여 법원에 검사인의 선임을 청구할 수 있다.

### 2. 관할

회사의 본점 소재지의 지방법원합의부의 관할로 한다.

### 3. 절차의 개시

① 발행주식의 총수의 100분의 3 이상에 해당하는 주식을 가진 주주의 신청에 의한다.
② 비송사건에서는 선정당사자가 허용되지 않으므로 선정당사자에 의한 신청은 부적법하다.

### 4. 신청방식

① 검사인의 선임신청은 서면으로 하여야 한다.
② 신청서에는 신청의 사유, 검사의 목적, 연월일, 법원의 표시를 기재하여야 한다.

### 5. 심리 및 재판

(1) 심리

① 심리는 일반적으로 심문의 방법에 의하여 한다.
② 법원은 이사와 감사의 진술을 들어야 한다.
③ 법원은 직권으로 사실의 탐지와 필요하다고 인정하는 증거의 조사를 하여야 한다.

(2) 재판

① 재판은 결정의 형식으로 한다.
② 재판은 이를 받은 자에게 고지하여야 한다.

## 6. 불복방법

검사인의 선임결정에 대하여는 즉시항고를 할 수 있다.


## 7. 보수지급

법원이 검사인을 선임한 경우에는 회사로 하여금 이에 보수를 지급하게 할 수 있고, 이 경우 그 보수액은 이사와 감사의 의견을 들어 법원이 정한다. 그리고 이 재판에 대하여는 즉시항고를 할 수 있다.


## 8. 검사인의 조사보고서 제출

① 검사인의 보고는 서면으로 법원에 하여야 하며, 법원은 검사에 관하여 설명을 필요로 할 때에는 검사인을 심문할 수 있다.

② 법원은 검사인의 보고에 의하여 필요하다고 인정한 때에는 대표이사에게 주주총회의 소집을 명할 수 있으며, 이 경우에 검사인의 보고서는 주주총회에 제출하여야 한다.

## ⑬ 주식회사 소수주주의 임시총회소집 허가사건

### 1. 서설

① 주주총회는 원칙적으로 이사회가 소집하나, 발행주식 총수의 100분의 3 이상에 해당하는 주식을 가진 주주는 회의의 목적사항과 소집의 이유를 적은 서면 또는 전자문서를 이사회에 제출하여 임시총회의 소집을 청구할 수 있다.

② 이 청구가 있은 후 지체 없이 총회소집의 절차를 밟지 아니한 때에는 청구한 주주는 법원의 허가를 받아 총회를 소집할 수 있다.

### 2. 관할

회사의 본점 소재지의 지방법원합의부의 관할로 한다.

### 3. 절차의 개시

발행주식 총수의 100분의 3 이상에 해당하는 주식을 가진 주주의 신청에 의한다.

### 4. 신청방식

① 신청은 반드시 서면으로 하여야 한다.

② 총회소집의 허가를 신청하는 경우에는 이사가 그 소집을 게을리한 사실을 소명하여야 한다.

### 5. 심리 및 재판

(1) 심리

① 심리는 일반적으로 심문의 방법에 의하여 한다.

② 법원은 직권으로 사실의 탐지와 필요하다고 인정하는 증거의 조사를 하여야 한다.

(2) 재판

① 법원은 이유를 붙인 결정으로써 재판을 하여야 한다.

② 재판은 이를 받은 자에게 고지하여야 한다.

### 6. 불복방법

신청을 인용한 재판에 대하여는 불복신청을 할 수 없다.

## 04 단주의 임의매각 허가사건

### 1. 서설

① 주식을 병합하는 경우에 병합에 적당하지 아니한 수의 주식이 있는 때에는 그 병합에 적당하지 아니한 부분에 대하여 발행한 신주를 경매하여 각 주수에 따라 그 대금을 종전의 주주에게 지급하여야 한다.

② 그러나 거래소의 시세 있는 주식은 거래소를 통하여 매각하고, 거래소의 시세 없는 주식은 법원의 허가를 받아 경매 외의 방법으로 매각할 수 있다. 이를 단주의 임의매각이라 한다.

### 2. 관할

회사의 본점 소재지의 지방법원합의부의 관할로 한다.

### 3. 절차의 개시

이사 전원의 공동신청에 의한다.

### 4. 신청방식

① 신청은 일반원칙에 따라 서면 또는 말로 할 수 있다.

② 허가의 신청은 그 사유를 소명하여야 한다.

### 5. 심리 및 재판

(1) 심리

① 심리는 일반적으로 심문의 방법에 의하여 한다.

② 법원은 직권으로 사실의 탐지와 필요하다고 인정하는 증거의 조사를 하여야 한다.

(2) 재판

① 재판은 결정의 형식으로 한다.

② 재판은 이를 받은 자에게 고지하여야 한다.

### 6. 불복방법

불복은 보통항고의 방법으로 한다.

## 05 직무대행자(일시이사) 선임사건

### 1. 서설

법률 또는 정관에 정한 이사의 원수를 결한 경우에는 임기의 만료 또는 사임으로 인하여 퇴임한 이사는 새로 선임된 이사가 취임할 때까지 이사의 권리의무가 있으나, 이 경우에 필요하다고 인정할 때에는 법원은 이사, 감사 기타의 이해관계인의 청구에 의하여 일시이사의 직무를 행할 자를 선임할 수 있다.

### 2. 관할

회사의 본점 소재지의 지방법원합의부의 관할로 한다.

### 3. 절차의 개시

이사, 감사 기타의 이해관계인의 청구에 의한다.

### 4. 신청방식

신청은 일반원칙에 따라 서면 또는 말로 할 수 있다.

### 5. 심리 및 재판

(1) 심리

① 심리는 일반적으로 심문의 방법에 의하여 한다.
② 법원은 이사와 감사의 진술을 들어야 한다.
③ 법원은 직권으로 사실의 탐지와 필요하다고 인정하는 증거의 조사를 하여야 한다.

(2) 재판

① 법원은 이유를 붙인 결정으로써 재판을 하여야 한다.
② 재판은 이를 받은 자에게 고지하여야 한다.

## 6. 불복방법

신청을 인용한 재판에 대하여는 불복신청을 할 수 없다.

## 7. 보수지급

법원이 일시이사를 선임한 경우에는 회사로 하여금 이에 보수를 지급하게 할 수 있고, 이 경우 그 보수액은 이사와 감사의 의견을 들어 법원이 정한다. 그리고 이 재판에 대하여는 즉시항고를 할 수 있다.

## 8. 등기

일시이사는 본점의 소재지에서 그 등기를 하여야 하며, 그 등기는 제1심 수소법원의 촉탁에 의한다.

## 06 주식의 액면미달발행 인가사건

### 1. 서설

① 주식은 액면미달의 가액으로 발행하지 못하는 것이 원칙이나, 회사가 성립한 날로부터 2년을 경과한 후에 주식을 발행하는 경우에는 회사는 주주총회의 특별결의와 법원의 인가를 얻어서 주식을 액면미달의 가액으로 발행할 수 있다.

② 주주총회의 결의에서는 주식의 최저발행가액을 정하여야 한다.

③ 법원은 회사의 현황과 제반사정을 참작하여 최저발행가액을 변경하여 인가할 수 있다. 이 경우에 법원은 회사의 재산상태 기타 필요한 사항을 조사하게 하기 위하여 검사인을 선임할 수 있다.

④ 주식은 법원의 인가를 얻은 날로부터 1월 내에 발행하여야 한다.

### 2. 관할

회사의 본점 소재지의 지방법원합의부의 관할로 한다.

### 3. 절차의 개시

회사의 신청에 의한다.

### 4. 신청방식

① 인가신청은 서면으로 하여야 한다.

② 신청을 하는 때에 법인등기사항증명서와 주주총회 의사록을 제출하여야 한다.

### 5. 심리 및 재판

(1) 심리

① 심리는 일반적으로 심문의 방법에 의하여 한다.

② 법원은 재판을 하기 전에 이사의 진술을 들어야 한다.

③ 법원은 직권으로 사실의 탐지와 필요하다고 인정하는 증거의 조사를 하여야 한다.

⑵ 재판

① 재판은 이유를 붙인 결정으로써 하여야 한다.

② 재판은 이를 받은 자에게 고지하여야 한다.

## 6. 불복방법

① 재판에 대하여는 즉시항고를 할 수 있다.

② 항고는 집행정지의 효력이 있다.

## ⑦ 신주발행무효에 의한 환급금증감 청구사건

### 1. 서설

신주발행무효의 판결이 확정된 때에는 회사는 신주의 주주에 대하여 그 납입한 금액을 반환하여야 하며, 반환할 금액이 신주발행무효의 판결확정시의 회사의 재산상태에 비추어 현저하게 부당한 때에는 법원은 회사 또는 신주의 주주의 청구에 의하여 그 금액의 증감을 명할 수 있다.

### 2. 관할

회사의 본점 소재지의 지방법원합의부의 관할로 한다.

### 3. 절차의 개시

회사 또는 신주의 주주의 청구에 의한다.

### 4. 신청방식

① 신청은 일반원칙에 따라 서면 또는 말로 할 수 있다.
② 신청은 신주발행무효의 판결이 확정된 날부터 6월 내에 하여야 한다.

### 5. 심리 및 재판

(1) 심리

① 심리는 일반적으로 심문의 방법에 의하여 한다.
② 심문은 신주발행무효의 판결이 확정된 날부터 6월의 기간이 경과한 후에 하여야 한다.
③ 법원은 이사와 감사의 진술을 들어야 한다.
④ 법원은 직권으로 사실의 탐지와 필요하다고 인정하는 증거의 조사를 하여야 한다.

(2) 재판

① 법원은 이유를 붙인 결정으로써 재판을 하여야 한다.
② 재판은 이를 받은 자에게 고지하여야 한다.
③ 재판은 총주주에 대하여 효력이 있다.

### 6. 불복방법

① 재판에 대하여는 즉시항고를 할 수 있다.
② 항고는 집행정지의 효력이 있다.

## 08 회사의 해산명령사건

### 1. 서설

법원은 ① 회사의 설립목적이 불법한 것인 때, ② 회사가 정당한 사유 없이 설립 후 1년 내에 영업을 개시하지 아니하거나 1년 이상 영업을 휴지하는 때, ③ 이사 또는 회사의 업무를 집행하는 사원이 법령 또는 정관에 위반하여 회사의 존속을 허용할 수 없는 행위를 한 때에는 이해관계인이나 검사의 청구에 의하여 또는 직권으로 회사의 해산을 명할 수 있다.

### 2. 관할

회사의 본점 소재지의 지방법원합의부가 관할한다.

### 3. 절차의 개시

이해관계인이나 검사의 청구 또는 직권으로 한다.

### 4. 신청방식

신청은 일반원칙에 따라 서면 또는 말로 할 수 있다.

### 5. 심리 및 재판

(1) 심리

① 심리는 일반적으로 심문의 방법에 의하여 한다.
② 법원은 재판을 하기 전에 이해관계인의 진술과 검사의 의견을 들어야 한다.
③ 법원은 직권으로 사실의 탐지와 필요하다고 인정하는 증거의 조사를 하여야 한다.

(2) 재판

① 재판은 이유를 붙인 결정으로써 하여야 한다.
② 재판은 이를 받은 자에게 고지하여야 한다.

## 6. 불복방법

회사, 이해관계인 및 검사는 해산을 명하는 재판에 대하여 즉시항고를 할 수 있다. 이 경우 항고는 집행정지의 효력이 있다.

## 7. 회사재산 보전에 필요한 처분

회사의 해산명령의 청구가 있는 때에는 법원은 해산을 명하기 전일지라도 이해관계인이나 검사의 청구에 의하여 또는 직권으로 관리인의 선임 기타 회사재산의 보전에 필요한 처분을 할 수 있다.

## 09 회사재산 보전에 필요한 처분

### 1. 서설

회사의 해산명령의 청구가 있는 때에는 법원은 해산을 명하기 전일지라도 이해관계인이나 검사의 청구에 의하여 또는 직권으로 관리인의 선임 기타 회사재산의 보전에 필요한 처분을 할 수 있다.

### 2. 관리인의 선임

① 관리인 선임의 재판을 하는 경우 법원은 이해관계인의 의견을 들을 수 있다.

② 관리인 선임의 재판에 대하여는 불복신청을 할 수 없다.

③ 법원이 관리인을 선임한 경우에는 회사로 하여금 관리인에게 보수를 지급하게 할 수 있고, 이 경우 그 보수액은 이사와 감사의 의견을 들어 법원이 정한다. 그리고 이 재판에 대하여는 즉시항고를 할 수 있다.

### 3. 관리인의 회사 재산상태 보고 등

① 법원은 그 선임한 관리인에게 재산상태를 보고하고 관리계산을 할 것을 명할 수 있다. 이 재판에 대하여는 불복신청을 할 수 없다.

② 이해관계인은 재산상태의 보고와 계산에 관한 서류의 열람을 신청하거나 수수료를 내고 그 등본의 발급을 신청할 수 있다.

③ 검사는 재산상태의 보고와 계산에 관한 서류를 열람할 수 있다.

### 4. 관리인의 사임허가 등

① 법원은 관리인의 사임을 허가하거나 관리인을 해임할 수 있다.

② 관리인이 사임허가의 재판을 신청하는 경우에는 그 사유를 소명하여야 한다.

③ 관리인을 해임하는 재판을 하는 경우 법원은 이해관계인의 의견을 들을 수 있다.

④ 관리인의 사임허가 또는 해임의 재판에 대하여는 불복신청을 할 수 없다.

### 5. 비용의 부담

① 법원이 관리인의 선임 기타 회사재산의 보전에 필요한 처분에 관하여 직권으로 재판을 하였거나 신청에 상응한 재판을 한 경우에는 재판 전의 절차와 재판의 고지비용은 회사가 부담한다.

② 법원이 명한 처분에 필요한 비용도 회사가 부담한다.

## ⑩ 합병회사의 채무부담부분 결정사건

### 1. 서설

① 합병을 무효로 한 판결이 확정된 때에는 합병을 한 회사는 합병 후 존속한 회사 또는 합병으로 인하여 설립된 회사의 합병 후 부담한 채무에 대하여 연대하여 변제할 책임이 있고, 합병 후 존속한 회사 또는 합병으로 인하여 설립한 회사의 합병 후 취득한 재산은 합병을 한 회사의 공유로 한다.

② 채무의 부담부분과 취득재산의 공유지분은 각 회사의 협의로 정하나, 각 회사의 협의로 그 부담부분 또는 지분을 정하지 못한 때에는 법원은 그 청구에 의하여 합병 당시의 각 회사의 재산상태 기타의 사정을 참작하여 이를 정한다.

### 2. 관할

합병무효의 소에 관한 제1심의 소를 받은 법원의 관할로 한다.

### 3. 절차의 개시

합병을 한 각 회사의 신청에 의한다.

### 4. 신청방식

신청은 일반원칙에 따라 서면 또는 말로 할 수 있다.

### 5. 심리 및 재판

(1) 심리

① 심리는 일반적으로 심문의 방법에 의하여 한다.

② 법원은 직권으로 사실의 탐지와 필요하다고 인정하는 증거의 조사를 하여야 한다.

(2) 재판

① 재판은 이유를 붙인 결정으로써 하여야 한다.

② 재판은 이를 받은 자에게 고지하여야 한다.

### 6. 불복방법

① 재판에 대하여는 즉시항고를 할 수 있다.

② 항고는 집행정지의 효력이 있다.

## ⑪ 유한회사의 주식회사로의 합병인가사건

### 1. 서설

유한회사가 주식회사와 합병하는 경우에 합병 후 존속하는 회사 또는 합병으로 인하여 설립되는 회사가 주식회사인 때에는 법원의 인가를 얻지 아니하면 합병의 효력이 없다.

### 2. 관할

합병 후 존속하는 회사 또는 합병으로 인하여 설립되는 회사의 본점 소재지의 지방법원의 관할로 한다.

### 3. 절차의 개시

합병을 할 회사의 이사와 감사 전원의 공동신청에 의한다.

### 4. 신청방식

신청은 일반원칙에 따라 서면 또는 말로 할 수 있다.

### 5. 심리 및 재판

(1) 심리

① 심리는 일반적으로 심문의 방법에 의하여 한다.

② 법원은 직권으로 사실의 탐지와 필요하다고 인정하는 증거의 조사를 하여야 한다.

(2) 재판

① 법원은 이유를 붙인 결정으로써 재판을 하여야 한다.

② 재판은 이를 받은 자에게 고지하여야 한다.

### 6. 불복방법

신청을 인용한 재판에 대하여는 불복신청을 할 수 없다.

## ⑫ 사채권자집회의 결의인가사건

### 1. 서설

① 사채권자집회의 소집자는 결의한 날로부터 1주간 내에 결의의 인가를 법원에 청구하여야 한다.

② 사채권자집회의 결의는 법원의 인가를 받음으로써 그 효력이 생긴다. 다만, 그 종류의 사채권자 전원이 동의한 결의는 법원의 인가가 필요하지 아니하다.

③ 사채권자집회의 결의는 그 종류의 사채를 가진 모든 사채권자에게 그 효력이 있다.

### 2. 관할

사채를 발행한 회사의 본점 소재지의 지방법원합의부의 관할로 한다.

### 3. 절차의 개시

사채권자집회의 소집자의 신청에 의한다.

### 4. 신청방식

① 신청은 일반원칙에 따라 서면 또는 말로 할 수 있다.

② 결의의 인가를 신청하는 경우에는 의사록을 제출하여야 한다.

### 5. 심리 및 재판

(1) 심리

① 심리는 일반적으로 심문의 방법에 의하여 한다.

② 법원은 이해관계인의 의견을 들어야 한다.

③ 검사는 사건에 관하여 의견을 진술하거나 심문에 참여할 수 없다.

④ 법원은 직권으로 사실의 탐지와 필요하다고 인정하는 증거의 조사를 하여야 한다.

(2) 재판

① 재판은 이유를 붙인 결정으로써 하여야 한다.

② 재판은 이를 받은 자에게 고지하여야 한다.

### 6. 불복방법

① 재판에 대하여는 즉시항고를 할 수 있다.

② 항고는 집행정지의 효력이 있다.

## ⑬ 사채모집 위탁의 보수 등 부담 허가사건

### 1. 서설

사채관리회사, 대표자 또는 집행자에게 줄 보수와 그 사무 처리에 필요한 비용은 사채를 발행한 회사와의 계약에 약정된 경우 외에는 법원의 허가를 받아 사채를 발행한 회사로 하여금 부담하게 할 수 있다.

### 2. 관할

사채를 발행한 회사의 본점 소재지의 지방법원합의부의 관할로 한다.

### 3. 절차의 개시

사채관리회사, 대표자 또는 집행자의 신청에 의한다.

### 4. 신청방식

신청은 일반원칙에 따라 서면 또는 말로 할 수 있다.

### 5. 심리 및 재판

(1) 심리

① 심리는 일반적으로 심문의 방법에 의하여 한다.
② 법원은 이해관계인의 의견을 들어야 한다.
③ 검사는 사건에 관하여 의견을 진술하거나 심문에 참여할 수 없다.
④ 법원은 직권으로 사실의 탐지와 필요하다고 인정하는 증거의 조사를 하여야 한다.

(2) 재판

① 재판은 이유를 붙인 결정으로써 하여야 한다.
② 재판은 이를 받은 자에게 고지하여야 한다.

### 6. 불복방법

① 재판에 대하여는 즉시항고를 할 수 있다.
② 항고는 집행정지의 효력이 있다.

# 법인의 등기

## ① 등기신청의 기본원칙

### 1. 법인등기

법인등기란 등기관이 등기소에서 법인등기부에 회사 이외의 법인에 관한 일정한 사항을 기록하는 것 또는 그와 같은 기록 자체를 말한다.

### 2. 등기신청의 기본원칙

(1) 신청주의

① 등기는 법령에 다른 규정이 있는 경우를 제외하고는 당사자의 신청 또는 관공서의 촉탁이 없으면 하지 못한다.

② 등기관의 과오로 등기의 착오 또는 유루가 있는 경우의 경정등기, 당연무효등기의 말소등기 등은 등기관이 직권으로 등기한다.

(2) 출석주의

① 등기는 당사자 또는 그 대리인이 등기소에 출석하여 신청하여야 한다. 다만, 대리인이 변호사 또는 법무사인 경우에는 사무원을 등기소에 출석하게 하여 신청할 수 있다.

② 등기소에 출석하여 등기신청서를 제출할 수 있는 자격자대리인의 사무원은 자격자대리인의 사무소 소재지를 관할하는 지방법원장이 허가하는 1인으로 한다.

③ 전자문서에 의한 등기 및 촉탁에 따른 등기 등을 하는 경우에는 출석의무가 면제된다.

(3) 서면주의

① 등기의 신청은 서면 또는 전산정보처리조직을 이용한 전자문서로 할 수 있다.

② 전자문서로 등기를 신청하는 당사자 또는 그 대리인은 미리 사용자등록을 하여야 한다.

(4) 강제주의

법인의 등기는 이를 게을리한 때에는 과태료를 부과하도록 규정하여 등기신청을 강제하고 있다.

## ⑫ 법인의 설립등기

### 1. 서설

① 민법상의 법인은 법인을 설립하고자 하는 설립자가 학술, 종교, 자선, 기예, 사교 기타 영리 아닌 사업을 목적으로 설립행위를 하고 주무관청의 허가를 얻어 그 주된 사무소의 소재지에서 설립등기를 함으로써 성립한다.
② 설립등기는 법인의 성립요건이다.

### 2. 관할등기소

법인등기에 관하여는 법인의 사무소 소재지를 관할하는 지방법원, 그 지원 또는 등기소를 관할등기소로 한다.

### 3. 등기신청

(1) 등기신청인

법인설립의 등기는 법인을 대표할 사람이 신청한다.

(2) 등기기간

① 주무관청의 법인설립의 허가가 있는 때로부터 3주간 내이다.
② 등기기간은 주무관청의 법인설립의 허가서가 도착한 날로부터 기산한다.

### 4. 설립등기사항

① 목적, 명칭, 사무소
② 설립허가의 연월일
③ 존립시기나 해산사유를 정한 때에는 그 시기 또는 사유
④ 자산의 총액
⑤ 출자의 방법을 정한 때에는 그 방법
⑥ 이사의 성명, 주민등록번호, 주소(대표권 없는 이사는 성명, 주민등록번호)
⑦ 이사의 대표권을 제한한 때에는 그 제한

### 5. 신청서의 첨부서면

① 정관
② 이사의 자격을 증명하는 서면
③ 주무관청의 허가서 또는 그 인증이 있는 등본
④ 재산목록 등

## ⑬ 등기관의 결정 또는 처분에 대한 이의신청

### 1. 의의

이의신청이란 등기관의 부당한 결정 또는 처분으로 인하여 불이익을 받은 자가 그 결정 또는 처분의 시정을 청구하여 부당한 결정이나 처분의 효과를 제거해서 정당한 처분이 있었던 것과 같은 상태로 회복하기 위한 것을 말한다.

### 2. 이의대상

① 등기관의 부당한 결정 또는 처분을 대상으로 하며, 소극적 부당과 적극적 부당이 있다.
② 소극적 부당인 등기관의 각하결정에 대하여는 이의사유에 제한이 없다.
③ 적극적 부당인 등기관의 실행처분에 대하여는 사건이 그 등기소의 관할에 속하지 아니한 때, 사건이 등기할 사항이 아닌 때, 사건이 그 등기소에 이미 등기되어 있는 때에 한한다.

### 3. 이의절차

① 이의신청인은 등기상의 이해관계인이다.
② 등기관의 결정 또는 처분에 이의가 있는 사람은 관할 지방법원에 이의신청을 할 수 있다.
③ 이의신청은 등기소에 이의신청서를 제출함으로써 하여야 한다.
④ 이의는 새로운 사실이나 새로운 증거방법으로써 하지 못한다.

### 4. 이의신청의 효력

이의는 집행정지의 효력이 없다.

### 5. 이의신청에 대한 조치

(1) 등기관의 조치

① 등기관은 이의가 이유 없다고 인정한 때에는 이의신청이 있은 때부터 3일 이내에 의견서를 첨부하여 이의신청서를 관할 지방법원에 보내야 한다.
② 등기관은 이의가 이유 있다고 인정한 때에는 상당한 처분을 하여야 한다.

(2) 법원의 조치

관할 지방법원은 이의에 대하여 이유를 붙인 결정을 하여야 한다. 이 경우 이의가 이유 있다고 인정한 때에는 등기관에게 상당한 처분을 명령하고 그 뜻을 이의신청인과 등기를 한 사람에게 통지하여야 한다.

# 부부재산약정의 등기

## ① 부부재산약정등기

### 1. 서설

부부가 그 재산에 관하여 따로 약정을 한 때에는 혼인성립까지에 그 등기를 하지 아니하면 이로써 부부의 승계인 또는 제3자에게 대항하지 못한다.

### 2. 관할등기소

부부재산약정의 등기에 관하여는 남편이 될 사람의 주소지를 관할하는 지방법원, 그 지원 또는 등기소를 관할등기소로 한다.

### 3. 등기신청인

부부재산약정등기는 혼인의 성립 전에 약정자 양쪽이 신청한다.

### 4. 신청서의 첨부서면

① 부부재산약정서
② 각 약정자의 인감증명서
③ 혼인신고를 하지 아니한 것을 증명하는 서면
④ 주소를 증명하는 서면
⑤ 주민등록번호를 증명하는 서면 등

### 5. 신청서의 조사

등기관은 부부재산약정등기신청서를 조사함에 있어 부부재산약정서에 기재된 약정재산이 신청인의 소유인지 여부, 약정내용의 범위, 약정사항의 효력 유무에 대하여는 판단하지 않고 약정서에 기재한 내용과 동일하게 등기한다.

## 6. 등기기록의 작성방법

① 부부재산약정등기부의 등기기록은 약정자부와 약정사항부를 구분하여 기록한다.

② 약정자부에 약정자의 성명, 주민등록번호 및 주소를 기록할 때에는 남편이 될 사람을 먼저 기록한다.

# 과태료 사건

## 01 과태료 사건

### 1. 서설

과태료란 일정한 부작위 또는 작위 의무의 이행을 심리적으로 강제하기 위해 부과하거나 징계처분의 일종으로 부과하는 금전적 부담을 말한다.

### 2. 관할

과태료 사건은 다른 법령에 특별한 규정이 있는 경우를 제외하고는 과태료를 부과받을 자의 주소지의 지방법원이 관할한다.

### 3. 절차의 개시

① 과태료 사건은 직권에 의하여 개시된다.

② 법원이 과태료 사건의 존재를 안 경우에 재판절차를 개시하나, 대부분의 사건이 등기관, 감독관청, 이해관계인의 통지 등에 의하여 개시되고 있다.

③ 등기관, 감독관청, 이해관계인의 통지 등은 법원의 직권발동을 촉구하는 데 불과하므로 그 통지 등의 철회는 법원의 처분에 장애가 될 수 없다.

### 4. 재판의 절차

(1) 정식절차에 의하는 경우

법원은 재판을 하기 전에 당사자의 진술을 듣고 검사의 의견을 구하여야 한다.

(2) 약식절차에 의하는 경우

① 법원은 상당하다고 인정할 때에는 당사자의 진술을 듣지 아니하고 과태료의 재판을 할 수 있다. 그러나 검사의 의견을 구하여야 한다.

② 당사자의 진술을 듣지 아니하고 과태료의 재판을 한 경우에 당사자와 검사는 재판의 고지를 받은 날부터 1주일 내에 이의신청을 할 수 있다.

③ 재판은 이의신청에 의하여 그 효력을 잃는다.

④ 이의신청이 있는 때에는 법원은 당사자의 진술을 듣고 다시 재판하여야 한다.

### (3) 재판

① 과태료의 재판은 이유를 붙인 결정으로써 하여야 한다.

② 과태료의 재판은 고지에 의하여 그 효력이 생긴다.

## 5. 즉시항고

① 당사자와 검사는 정식절차에 의한 과태료의 재판에 대하여 즉시항고를 할 수 있다. 이 경우 항고는 집행정지의 효력이 있다.

② 약식절차에 의한 과태료의 재판에 대하여는 그 불복방법으로 이의신청이 인정되므로 즉시항고는 허용되지 않는다.

## 6. 재판의 집행

① 과태료의 재판은 검사의 명령으로써 이를 집행한다. 이 경우 그 명령은 집행력 있는 집행권원과 동일한 효력이 있다.

② 과태료 재판의 집행절차는 민사집행법의 규정에 따른다. 그러나 집행을 하기 전에 재판의 송달은 하지 아니한다.

## 7. 절차의 비용

과태료 재판 절차의 비용은 과태료를 부과하는 선고가 있는 경우에는 그 선고를 받은 자가 부담하고, 그 밖의 경우에는 국고에서 부담한다.

## ② 과태료 재판에 대한 불복방법 제2회 기출

### 1. 서설

과태료란 일정한 부작위 또는 작위 의무의 이행을 심리적으로 강제하기 위해 부과하거나 징계처분의 일종으로 부과하는 금전적 부담을 말한다.

### 2. 정식재판과 불복방법

(1) 심리

① 법원은 당사자의 진술을 듣고 검사의 의견을 구하여야 한다.

② 법원은 직권으로 사실의 탐지와 필요하다고 인정하는 증거의 조사를 하여야 한다.

(2) 재판

① 재판은 이유를 붙인 결정으로써 하여야 한다.

② 재판은 고지에 의하여 그 효력이 생긴다.

(3) 즉시항고

당사자와 검사는 정식재판에 대하여 즉시항고를 할 수 있다. 이 경우 항고는 집행정지의 효력이 있다.

### 3. 약식재판과 불복방법

(1) 심리

① 법원은 상당하다고 인정할 때에는 당사자의 진술을 듣지 아니하고 과태료의 재판을 할 수 있다. 그러나 검사의 의견을 구하여야 한다.

② 법원은 직권으로 사실의 탐지와 필요하다고 인정하는 증거의 조사를 하여야 한다.

(2) 재판

① 재판은 이유를 붙인 결정으로써 하여야 한다.

② 재판은 고지에 의하여 그 효력이 생긴다.

(3) 이의신청

① 당사자의 진술을 듣지 아니하고 과태료의 재판을 한 경우에 당사자와 검사는 재판의 고지를 받은 날부터 1주일 내에 이의신청을 할 수 있다.

② 재판은 이의신청에 의하여 효력을 잃으며, 법원은 당사자의 진술을 듣고 다시 재판하여야 한다.

# 2024 박문각 행정사 2차
## 임동민 행정사실무법 핵심요약집

**초판인쇄** | 2023. 12. 11.   **초판발행** | 2023. 12. 15.   **편저자** | 임동민

**발행인** | 박 용   **발행처** | (주)박문각출판   **등록** | 2015년 4월 29일 제2015-000104호

**주소** | 06654 서울시 서초구 효령로 283 서경 B/D 4층   **팩스** | (02)584-2927

**전화** | 교재 문의 (02)6466-7202

저자와의
협의하에
인지생략

정가 13,000원

ISBN 979-11-6987-663-6